子どものための
体力向上指導員
養成テキスト

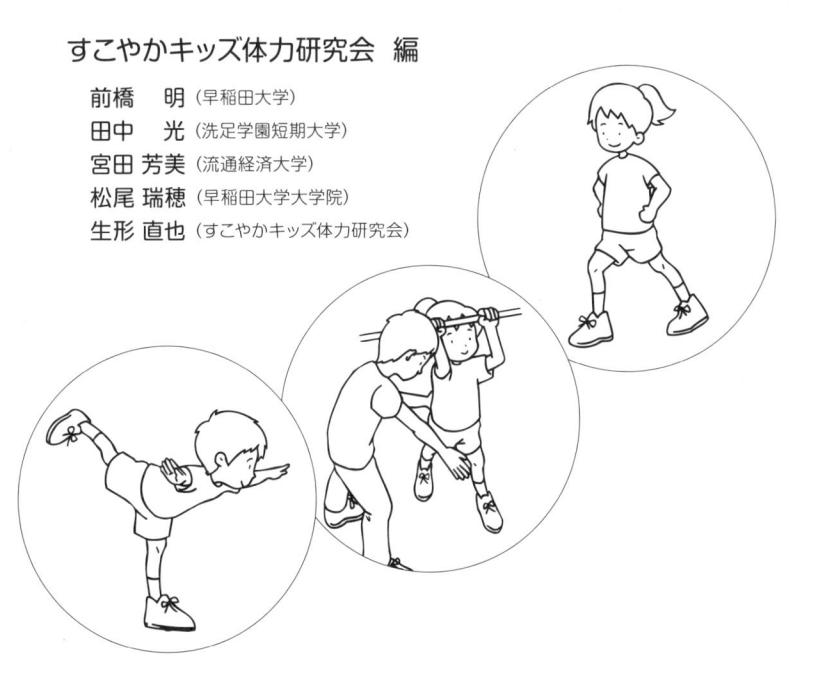

すこやかキッズ体力研究会　編

前橋　明（早稲田大学）
田中　光（洗足学園短期大学）
宮田　芳美（流通経済大学）
松尾　瑞穂（早稲田大学大学院）
生形　直也（すこやかキッズ体力研究会）

大学教育出版

はじめに

　近年、夜型化した生活の中で、子どもたちの睡眠のリズムは乱れてきました。睡眠リズムが乱れてくると、朝ご飯が食べられず、摂食もリズムが崩れてきます。朝食をとらないと、午前中の活動力が低下し、これこそ体力低下につながっていきます。そして、体温のリズム、自律神経の働きも弱まってきて、ホルモンの分泌リズムも崩れてきます。こういう状態になってくると、子どもたちは体調の不調を起こして、精神不安定に陥りやすくなり、学力低下や体力低下、心の問題を抱えるようになっていきます。このような大きな問題を生じさせないためにも、ぜひとも、幼少期より、子どもたちの睡眠と食と運動の実践を大切にしてもらいたいものです。

　なかでも、子どもたちの活動力や体力の低下を防ぐためには、運動の実践が欠かせません。また、人と関わる運動を実践すると、大脳の前頭葉が鍛えられるだけでなく、運動量がいっそう増えて活動量が旺盛になり、体力づくりや、あるいは心地よい疲れをもたらす生活リズムづくりにもつながっていきます。

　子どもたちは、運動的なあそびを通して、心身ともに大きく成長していきますので、体育の先生方やスポーツ指導員の方には、子どもたちがもっと運動に関わることができるようしかけを考えていただきたいものです。今後とも、本講習の内容を参考にしていただきながら、子どもたちが運動を通して心を躍らせ、血液循環が良くなるような刺激を、1日に1回は与えてあげてほしいと願います。こうして、子どもたちが健康的な生活を築いていくことを期待しています。

　本書では、子どもたちの体力向上のために大切な理論と実技のポイントを説明させていただきました。これからも、皆様方と協力し合って、子どもたちの体力向上の応援をしていきたいと思います。ご協力の程、よろしくお願いいたします。

　2008年5月

すこやかキッズ体力研究会

代表　前橋　明

（早稲田大学　教授／医学博士）

本講習内容の魅力

　本講習で紹介する「ティーチャーヒカル・プログラム」は、オリジナルで考えた体操を幼稚園や保育所、小学校で実践し、子どもたちが運動のコツを身につけるのに役立てています。

　ボディーコントロールトレーニングでは、体の使い方、身を守る能力、考える力を養います。最近の子どもは、昔では考えられないようなケガをします。転んだとき、手が出ず、まともに鼻やおでこを打って、大ケガをします。

　最近の子どもは、のぼり棒を登る、ぶら下がる、といったあそびの経験が極端に減り、上半身をうまく使えない、手で体を支えられない子どもが増えているのです。

　体をコントロールする上で、上半身の使い方は意外に重要です。例えば、ジャンプするときは、足の力と同時に、腕のバックスイングのような上半身の動きを加えれば、より高く跳べます。跳び箱は、踏み切りの手前で体を1回パーに手を開くことで、前向きのエネルギーをうまく上向きに変換しています。こうしたコツを理解し、瞬発力を向上させるため、お尻でジャンプ、空中ジャンケン等の多様なプログラムを提案しました。

　上半身のコントロール力アップは、ケガの回避にもつながると考えています。子どもたちに、とくに不足しているのが支持力です。鍛えるには、手を前について開脚から立つ等の訓練が有効です。前転も手で体をきちんと支えられると、マットなしでも大丈夫です。

　体力低下の一因には、遊ぶ時間、空間、仲間の減少などがあげられます。しかし、もし'遊ぶ環境'があっても'遊べる体'ができていないと遊べないのです。体力低下を解決するキーワードは、「遊べる体づくり」だと思っています。あそびには走りながらボールを投げる等、複合的な要素が必要です。幼少年期には、運動の量だけでなく、幅と質を偏りなく学習しなければならないのです。

　運動能力は経験に依存します。気になる遺伝要素はたった1割です。私の場

合、仮面ライダーに憧れて3歳から体操をはじめました。しかし、地元で専門的に体操を教えてくれる施設がありませんでした。母は代案を講じ、水泳やサッカー、空手など、私が興味をもつあらゆるスポーツを体験させて、私の運動能力を磨いてくれました。中学に進学したとき、はじめは技がまったくできないほど、技能は劣っていましたが、中学3年で全国優勝できました。母という人的な環境に恵まれ、運動能力の土台を作ってくれたお陰です。

　体力は、ある程度、運動量に相関します。幼児の運動量は、室内より戸外で遊ぶ方が多く、大自然の中ならもっと増えます。もっとアップさせるには、大人が、親が、先生が、いっしょに遊ぶことです。園庭のような限られたスペースでも、大自然で遊ぶ運動量を超えられるのです。現代生活で不足しがちな運動形態は、「立ち這いの熊さん歩きで鬼ごっこ」等、あそびの工夫で補って、子どもの体力を向上させたいものですね。

　体をコントロールすることが上手で、元気なたくましい子が、この日本に、世界に、増えることを強く望んでいます。

2008年5月

　　　　　　　　すこやかキッズ体力研究会体力向上指導員養成委員会

　　　　　　　　　　　　　　　　　　　委員長　田中　光

　　　　　　　　　　　　　　　　　　　（洗足学園短期大学　准教授）

子どものための体力向上指導員養成テキスト

目　次

はじめに ………………………………………………… 前橋　明 … 1
本講習内容の魅力 ……………………………………… 田中　光 … 2

第1章　輝く子どもの未来づくり―幼少年期の運動の重要性と体力づくり―
　………………………………………………………… 前橋　明 … 9
　1.　近年の子どもの抱える問題とその原因　9
　2.　深刻な休養面の乱れの問題　10
　3.　問題改善の方法　10
　4.　午後あそびのススメ　11
　5.　親子ふれあい体操を通した体力づくりのススメ　12
　6.　子どもたちの疲労　13
　7.　成長期に必要とされる体力を高める運動　15
　8.　子ども支援のポイント　17

第2章　ティーチャーヒカル・プログラム ……………… 田中　光 … 18

第3章　ボディーコントロールトレーニング ……………… 田中　光 … 22
　1.　脳活性化プログラム　22
　2.　回転感覚向上プログラム　25
　3.　ジャンプ力向上プログラム　27
　4.　バランス感覚向上プログラム　32
　5.　支持力向上プログラム　39
　6.　全身総合力向上プログラム　44

第4章　キッズエアロビック …………………………… 宮田　芳美 … 48
　1.　エアロビックステップの紹介　48
　2.　床動作　58
　3.　アームワーク　59
　4.　手足の振り付け――振り付けの構成――　60

第5章　体操の基本的な指導法・補助法 ……………………… 田中　光…62
　　1.　鉄棒あそび　*62*
　　2.　逆上がり　*66*
　　3.　跳び箱の開脚跳び　*70*
　　4.　前転（前まわり・でんぐり返し）　*72*
　　5.　後転（後ろまわり）　*73*
　　6.　側　　　転　*75*

第6章　親子体操のススメ ………………………………… 松尾　瑞穂…*78*
　　仲よし立ち座り／空中かけっこ／しゃがみずもう／足跳びまわり／
　　跳び越しくぐり／グーパー跳び／足ふみ競争／お尻たたき／丸太たおし／
　　腕立て握手／手押し車→出会った子どもと握手→でんぐり返り／
　　しっぽとり／タオル引き

第7章　子どもの個別健康評価票「すこやかキッズカード」のススメ
　　　　 ……………………………………………………… 生形　直也…*86*
　　1.　「すこやかキッズカード」の概要　*86*
　　2.　「すこやかキッズカード」の例　*89*
　　3.　「すこやかキッズカード」を作成するうえで工夫したところ　*91*
　　4.　カードを使用した保護者からの反応は？　*91*

おわりに ……………………………………………………… 生形　直也…*94*

第1章

輝く子どもの未来づくり
―幼少年期の運動の重要性と体力づくり―

1. 近年の子どもの抱える問題とその原因

　わが国では、子どもたちの学力低下や体力低下、心の問題の顕在化が顕著となり、各方面でその対策が論じられ、教育現場では悪戦苦闘しています。子どもたちの脳・自律神経機能低下、不登校や引きこもりに加えて、非行・少年犯罪などの問題も現れており、それらの問題の背景には、幼少児期からの「生活リズムの乱れ」や「運動不足」、「親子のきずなの乏しさ」等が見受けられ、心配しています。

　結局、子どもたちの睡眠リズムが乱れると、摂食のリズムが崩れて朝食の欠食・排便の無さへとつながっていきます。その結果、朝からねむけやだるさを訴えて午前中の活動力が低下し、自律神経の働きが弱まって昼夜の体温リズムが乱れてきます。そして、ホルモンの分泌リズムが乱れて体調不良になり、さらに、精神不安定に陥りやすくなって、行き着くところ、学力低下、体力低下、心の問題を抱える子どもたちが増えていきます。

　本章では、子どもの体力を育むために、その基盤となる健康的な生活リズムづくりのあり方を提示しながら、今、私たち大人が子どもたちにできうること、あるいは、将来に向けてすべきことをお話させていただきたいと思います。

2. 深刻な休養面の乱れの問題

　一見すると、子どもたちの生活は豊かになったように見えますが、その実、夜型化の影響を受けて、生体バランスは大きく崩壊し、自然の流れに反する形で生活のリズムが刻まれていくのを見過ごすことはできません。なかでも、休養面（睡眠）の乱れの問題は、深刻な問題です。短時間睡眠の幼児は、翌日に注意集中ができないという精神的な疲労症状を訴えることも明らかにされています（前橋ら、1997）。幼児期には、夜間に少なくとも10時間以上の睡眠時間を確保させることが欠かせないのです。

　子どもは、夜眠っている間に、脳内の温度を下げて身体を休めるホルモン「メラトニン」や、成長や細胞の新生を助ける成長ホルモンが分泌されるのですが、今日では、夜型化した大人社会の影響を受け、子どもたちの生体のリズムは狂いを生じています。不規則な生活になると、カーッとなったり、イライラして集中力が欠如し、対人関係に問題を生じて、気力が感じられなくなったりします。生活リズムの崩れは、子どもたちの体を壊し、それが体力低下だけでなく、心の問題にまで影響を与えていくのです。

3. 問題改善の方法

　それらの問題の改善には、ズバリ言って、大人たちがもっと真剣に「乳幼児期からの子ども本来の生活」を大切にしていくことが必要です。夜型の生活を送らせていては、子どもたちが朝からねむけやだるさを訴えるのは当然です。睡眠不足だと、注意集中ができず、また、朝食を欠食させているとイライラ感が高まるのは当たり前です。授業中にじっとしていられず、歩き回っても仕方がありません。幼いときから、保護者から離れての生活が多いと、愛情に飢えるのもわかります。親の方も、子どもから離れすぎると、愛情が維持できなくなり、子を愛おしく思えなくなっていきます。

　便利さや時間の効率性を重視するあまり、徒歩通園から車通園に変え、親

子のふれあいや歩くという運動量確保の時間が減っていき、コミュニケーションが少なくなり、体力低下や外界環境に対する適応力が低下していきます。テレビやビデオの使いすぎも、対人関係能力や言葉の発達を遅らせ、コミュニケーションのとれない子どもにしていきます。とくに、午後の運動あそびの減少、地域の異年齢によるたまり場あそびの崩壊、ゲームの実施やテレビ視聴の激増が健康的な生活リズムの調整をできなくしています。

　それらの点を改善していかないと、子どもたちの学力向上や体力強化は図れないでしょう。キレル子どもや問題行動をとる子どもが現れても不思議ではありません。ここは、腰を据えて、乳幼児期からの生活習慣を整えていかねばならないでしょう。生活習慣を整え、体力を育んでいく上でも、1日の生活の中で、一度は運動エネルギーを発散し、情緒の解放を図る機会や場を与えることの重要性を見逃してはならないのです。そのためにも、幼少児期には、日中の運動あそびや運動の実践が非常に大切となります。運動あそびや運動というものは、体力づくりはもちろん、基礎代謝の向上や体温調節、あるいは脳・神経系の働きに重要な役割を担っています。園や地域において、ときが経つのを忘れて、あそびに熱中できる環境を保障していくことで、子どもたちは安心して成長していけます。

4. 午後あそびのススメ

　午前のあそびに加えて、子どもたちの体温が最も高まって、心身のウォーミングアップのできる午後3時頃からの戸外での集団あそびや運動が充実していないと、発揮したい運動エネルギーの発散すらできず、ストレスやイライラ感が鬱積されていき、体力は高まっていきません。

　そこで、日中は、室内でのテレビ・ビデオ視聴やテレビゲームに替わって、太陽の下で十分な運動あそびをさせて体力を強化し、夜には心地よい疲れを得るようにさせることが大切です。低年齢で、体力が弱い場合には、午前中にからだを動かすだけでも、結構、夜早めに眠れるようになりますが、体力がついてくる4～5歳以降は、朝の運動だけでは足りません。体温の高まるピーク時

の運動も、ぜひ大切に考えて取り入れてください。

　つまり、生活リズムの整調のためには、運動の実践が極めて有効であり、その運動を生活の中に積極的に取り入れることで、身体活動量が増して、心地よく疲れ、子どもたちの睡眠のリズムは整い、その結果、食欲は旺盛になります。健康的な生活のリズムの習慣化によって、子どもたちの心身のコンディションも良好に維持されて、心も落ち着き、カーッとキレることなく、情緒も安定していくのです。ところが、残念なことに、今はそういう機会が極端に減っています。この部分を何とかすることが、私たち大人に与えられた緊急課題でしょう。

　生活は、1日のサイクルでつながっていますので、1つが悪くなると、どんどん崩れていきます。しかし、生活の節目の1つ（とくに運動場面）が良い方向に改善できると、次第にほかのことも良くなっていくというロマンがあります。そのために、身体活動や運動を取り扱う先生方に期待される事柄は、非常に大きいものがあると思います。

5. 親子ふれあい体操を通した体力づくりのススメ

　乳幼児期から親と子のふれあいがしっかりもてて、かつ、からだにも良いこと、体力づくりにつながることを実践していくために、1つの提案があります。それは、「親子体操や親子レクリエーション」の実践です。

　まず、親子で遊んだり、体操をしたりする機会を、日常的に設けるのです。子どもといっしょに汗をかいてください。子どもに、お父さんやお母さんを独り占めにできる時間をもたせてください。親の方も、子どもの動きを見て、成長を感じ、喜びを感じてくれることでしょう。他の家族がおもしろい動きをしていたら、参考にしてもらってください。子どもががんばっていることをしっかりほめて、自信をもたせてください。子どもにも、動きを考えさせて創造性を培ってください。動くことで、お腹がすき、食事が進みます。夜には、心地よい疲れをもたらしてくれ、ぐっすり眠れます。疲労感を抱くほどに動くと、体力がついてきます。つまり、親子体操や親子レクリエーションの実践は、食

事や睡眠の問題改善と体力づくりにしっかりつながっていくのです。

親子体操は、これまで、いろいろなところで、取り組まれている内容です。でも、それらを本気で実践するために、地域や社会が、町や県や国が、本気で動いて、大きな健康づくりのムーブメントを作るのです。こんな体験をもたせてもらった子どもは、きっと勉強や運動にも楽しく取り組んで、さらに家族や社会の人々とのコミュニケーションがしっかりとれる若者に成長していくはずです。急がば回れ、乳幼児期からの生活やふれあい体験、とくに運動体験とそのときに味わう感動を大切にしていきませんか。

6. 子どもたちの疲労

「子どもたちの生活基盤を整え、学校生活の1日のスタートを快く切るための生活習慣づくりと日頃からの体力づくり」は、子どもたちにとって必須のことです。つまり、快い朝の開始とは、前日の疲労が睡眠によって回復し、翌朝の始業前には、不定愁訴はなく、疲労度の低い状態といえます。

ところが、小学生を対象にした「生活ならびに疲労調査」を通して、学校生活時における疲労度をみますと、近年の子どもたちの疲労度は午前中、とくに始業前が最も高く、時間の経過と共に軽減していく傾向にあることが、疲労自覚症状の訴え数ならびにフリッカー値の変動からも確認されました。

また、子どもたちのデータを詳細に分析してみますと、就寝時刻が遅くなるほど、朝食摂取状況が悪くなり、1校時前の疲労症状の訴え数が多くなりました。そして、朝食摂取状況が悪いほど、疲労症状の訴え数が多くなる傾向が認められ、就寝時刻や朝食摂取が、朝の疲労症状の発現と強い関連性があることを確認しました。

したがって、子どもたちの学習効果を高めるためにも、朝のねむけとだるさ症状の訴えを中心とする疲労度を低くする生活上の工夫が必要と考えます。そのためには、就寝を早めて生活リズムを整えること、運動をして血液循環を良くし大脳の働きを高め、ねむけ症状を取ることが有効です。とくに日中の運動量を多くするために体育授業を重視することや日頃から運動奨励をして、疲

労に打ち勝つ体力を高めておくことも大切です。生活活動としての徒歩通学や朝の体操の導入は極めて有効です。

　朝、家で、あるいは、始業前の朝の会のとき等に、適度にからだを動かすことで全身の血液循環を良くして大脳の機能を亢進させ、ねむけとだるさ症状を軽減して、子どもたちが学習へ向かうことを容易にしてくれます。つまり、軽い体操やちょっとした運動が、むしろ、不定愁訴の発現を抑え、疲労軽減の効果をもたらす場合が多々あるのです。運動の疲労回復効果も、みつめ直してみてください。

　また、日中の多様な運動の保障と充実、とくに放課後の運動あそびやスポーツにも力を入れてください。きっと、子どもたちの乱れた生活リズムは改善されるとともに、行動範囲を大きく広げてくれる体力レベルをグーンと高めてくれると思います。さらに、家庭との連携の上で、子どもたちの夕食を早めにスタートさせることが大切です。そうすることにより、就寝を早めて睡眠時間を十分に確保することにつながっていきます。そして、起床時刻も早まって、朝食が摂取しやすくなります。そのような健康的な生活習慣をぜひとも身につけさせるとともに、そのリズムを固定化させて、子どもたちの意識を良い方向に変えていくことが大いに必要です。

　子どもたちの疲労スコアとフリッカー値の週内変動をみますと、疲労スコアは、週はじめの月曜日から曜日が進むにつれて、1校時前のスコアが次第に下がる傾向が認められました。フリッカー値については、曜日が進むにつれ、増加する傾向にありました。つまり、週はじめの月曜日の疲労度は高いので、ケガや事故の発生には注意が必要です。

　健康生活の基本は、しっかり食べて、からだと心をよく動かし、ぐっすり眠る生活です。しかし、今日、11歳では、午後10時以降の就寝が約8割を越えており、夜食の摂食は4割、睡眠不足を感じる子どもは3割もいます。朝食を毎日食べるのは8割程度で、その中で、1人で食べる孤食もみられ、ほとんど食べない子どもも5％ほどいます。

　朝食欠食は、高校卒業までに6割を超えて習慣化されていきます。朝、排便をしない子どもは、女子で6割ほどおり、ねむけやだるさ、イライラ感を訴え

る子どもも増えています。放課後は、おけいこごとや学習塾に通っている子や、テレビやビデオ視聴、ゲームを行う子が多いです。

　このような生活様式の変化は、日中の子どもの活動意欲を停滞させている面が多々見られるため、生活リズムを確立させ、いきいきとした生活実践のために、運動体験や自然体験を提供すること、そして、そういう遊び場の確保、子どもの居場所づくり等、地域社会と連携を図っていくことが極めて大切になってきました。

　さて、そのような中、成長期の課題を考えますと、生きる力を育むことが重要であり、そのためには、やはり、健やかなからだづくりとともに、豊かな人間性、確かな学力を育てることが必要です。人間の心とからだは密接な関係にあるため、とりわけ心身の調和のとれた発達が望ましいということです。

　そして、その基礎となるのは、体力の向上です。子どもたちの生活は、体力・知力・気力が一体となって営まれていくため、体力は、『生きる力』の極めて重要な要素となります。

　その体力を向上させるためには、体操やスポーツで、身体を適度に使うことが大切です。つまり、運動は、体力を増強させて健康を維持し、元気に活動するのに役立ちます。また、運動スキルを向上させることによって、スポーツをより楽しく行うことを可能にし、自己実現の機会をも増やしてくれます。

　しかしながら、疲労感を生じない負荷の運動では、体力づくりの効果を期待することはできません。運動の効果は、疲労とその回復を反復することにより、獲得されていくものだからです。

7. 成長期に必要とされる体力を高める運動

　成長期に必要な体力を高める運動としては、まず、乳児期には、親からの言葉かけやスキンシップを十分に与えながら、できうる身体運動を活発に行わせてもらいたいものです。また、自分で移動できるように、しっかり這うことや寝返りをうつことを十分に楽しませて、全身の筋力の発達を促してください。

幼児・児童期の前半は、子どもの興味のそそるような遊戯的要素のある運動や運動あそびをさせてください。しかも、特定な動きに偏ることなく、多様な運動体験をもたせることが大切です。体力としては、平衡性や敏捷性、巧緻性などの調整力の獲得に適時性があるといえます。

　児童期の後半になると、身体は質的にも量的にも発達しますので、少しずつ鍛錬的意味の体操やスポーツを導入するとよいでしょう。しかし、競争的価値ばかりを強調し過ぎないように注意しなければなりません。児童期になると、からだをコントロールする力である調整力が飛躍的に向上します。また、乳幼児期からの著しい神経系の発達に筋力の発達が加わり、構造が複雑な動作や運動が可能になります。スポーツ実践においても、乳幼児期に行っていたごっこ的なあそびから進化して、ルールが複雑なあそびや、より組織的なゲーム性の高い運動やスポーツに変化していきます。なお、この時期には、みようみまねで、ある程度、運動の構造を把握し、上手にできてしまうことが多いものです。これは、生まれてからの運動経験の積み重ねにより、かなり影響を受けるからです。しかし、その運動を経験したことがない子どもであっても、それに似た運動経験をもっていれば、同じような脳の神経回路が存在するために、比較的早く動作を習得することが可能です。

　つまり、小学校4年生位までは様々な身のこなしの習得、高学年は動きの洗練から、次第に持久的運動へ進めるとよいでしょう。筋力・心肺機能が15～16歳で充実するのに比べ、児童期には敏捷性やスピード、調整力の伸びがめざましいため、様々な動きを体験し、運動の神経回路を増やしていくことが必要です。

　中学校期では、からだの発育に身のこなしを適応させること、および持久的能力を高めること。そして、高等学校期では、持久的運動と並行して、筋力を高めていくような発達的特徴に対応した運動が必要となるでしょう。

8. 子ども支援のポイント

　心身が大きく成長する子どもたちの未来づくりに、今、私たちは、何ができるのでしょうか。とにかく、心・ふれあいを育てるためには家庭における「食」を、自律神経を鍛え、生きる力の基盤である体力を育むためには「運動」を、キレないで、精神を安定させるためには「睡眠」を、努めて大切にしなければならないのです。

第2章 ティーチャーヒカル・プログラム

　子どもの体力向上のためにオリジナルリズム体操を考案しました。これらの楽曲の中で工夫したことは、回転感覚やジャンプ力など、習得したい要素に基づき、曲選び、作詞、振り付けを行いました。
　第3章で紹介するボディーコントロールトレーニングとあわせて実施してください。継続することにより、必ず効果が期待できます。
　全体の総合プロデュースは、わたくしティーチャーヒカルが行いました。
　それでは、元気が出るプログラム！　スタート！

ケンパッパ！
（表現力・リズム感向上準備体操プログラム）
作曲：YUKO YAMAGUCHI　作詞：HIKARUX　編曲：YUKO YAMAGUCHI・宮原隆之　振り付け・歌：田中　光

ライトアップ　レフトアップ　アームスイング　ケンパッパ！
ケンケンパッパ！　ケンパッパ！　ケンケンパッパ！　ケンパッパ！
ライトアップ　レフトアップ　アームスクロール　ケンパッパ！

ゆらゆらお化け、コブコブラクダ
グルリンコ！　ワンスモアータイム　ビックタイガー恋をする！

☆太陽に　向かって　伸びろ　伸びろ　もっと　すこやかに
　　愛と勇気をもらって　元気だして　はい！　ポーズ！

ケンケンパッパ！　ケンパッパ！　ケンケンパッパ！　ケンパッパ！
ライトアップ　レフトアップ　アームスイング　ケンパッパ！

ヒップをローリング　ベリーベリークイックリィー
めちゃめちゃローリング　ベンジャミン！　ヒップローリング　ケンパッパ！

天に　向かって　伸びろ　伸びろ　もっと　すこやかに
思いやりを大切に　元気だして　はい！　ポーズ！

☆くりかえし

ライトアップ　レフトアップ　アームダウン　決めポーズ！　イエーイ！

わいわい体操
（運動量・元気力アッププログラム）

作曲：宮原隆之　作詞：HIKARUX　編曲：宮原隆之　振り付け・歌：田中　光

なんでやねん！　わい！　（わい！）わい！　（わい！）鍛えろ！
からだが資本だ！　人類みな仲良し〜笑ってパラダイス！
わい！　（わい！）わい！　（わい！）羽ばたいて！
笑えば最高！　悩みなんて吹き飛ばすぜ　どないやねん！

なんでやねん！　の突っ込みは　タイミングが大事！
いらっしゃいを　連呼する　二の腕ダイエット
カイーノを　早くやる　ヒップアップに最適
うれC－　たのC－　ウルトラC－

さぶい　空気や　何とかしてくれ
ボケを　間違うと　ドドンパチョップ！
派手な　リアクション　笑いの鉄則
乗りと突っ込み　覚えて試そう　イエーイ！

HIKARUX（ほんまでっかー！）
わい！（わい！）わい！（わい！）たいそう！
からだで勝負だ！　人類みな仲良し〜笑ってパラダイス！
わい！（わい！）わい！（わい！）羽ばたいて！
笑えば長生き！　悩みなんて吹き飛ばすぜ　イエーイイエーイ！
飛び出そう　わいわいわい！　わいわいジャンプ！

大きなロケット発射前
（回転感覚向上プログラム）

作曲：宮原隆之　作詞：HIKARUX　編曲：宮原隆之　振り付け・歌：田中　光

☆大きなロケット発射前！
　スピードアップ　いきいきパワフル！
　宇宙旅行に旅立つぞ！
　エンジン全快！　GO GO GO！

☆くりかえし

ばつぐん
（バランス感覚・柔軟性向上プログラム）

作曲：宮原隆之　作詞：HIKARUX　編曲：宮原隆之　振り付け・歌：田中　光

バランス感覚　ばつぐん！　ばつぐん！
夜空をさまよう　音速　ジャンボジェット
ドキドキ時計の　秒針　カチカチ
夢を胸に　しまって走り出そう
たのC—Y　なるほど　ばつぐん！

今度は座って　ばつぐん！　ばつぐん！
青空を巡る　飛行機　パラシュート
フラフラのフラミンゴ　止まって　ワンツゥースリー！
夢の風船　どこまでも遠く飛べ！
だいじょうV　なるほど　ばつぐん！

なるほど　ばつぐん！　なるほど　ばつぐん！

ジャンピング！
（ジャンプ・瞬発力向上プログラム）

作曲：YUKO YAMAGUCHI　作詞：HIKARUX　編曲：YUKO YAMAGUCHI・宮原隆之　振り付け・歌：田中　光

みんなでいっしょに遊ぼうよ！　元気が出るよ！
みんなで楽しく遊ぼうよ！
遠くの空に真っ赤な太陽　　　流れる雲は空のわたがし
みんなでいっしょにジャンピング！　空高く
みんなで楽しくジャンピング！　HAPPY　DAY

☆みんなでいっしょに　グルグルトルネード　ジャンピング！
　みんなでいっしょに　グルグルトルネード　グルグルトルネード
　モアーモアー　トルネードジャンピング！

とても悲しくて　　　　　　涙が止まらない
勇気をだしてトライ　　　　決して諦めるなよ！
夜空に浮かぶ星がいっぱい　宇宙に輝くダイヤモンド
みんなでいっしょにジャンピング！　宇宙まで
みんなで楽しくホッピング！　HAPPY　DAY

☆くりかえし

夢をつかもうよ　　　涙を吹き飛ばせ
勇気を出してトライ　絶対あきらめないぞ！
ネバーギブアップ！
みんなでいっしょに　グルグルトルネード　ジャンピング！
みんなでいっしょに　グルグルトルネード　グルグルトルネード
モーストトルネードジャンピング！　ジャンピング！　ジャンピング！

第3章
ボディーコントロールトレーニング

　ボディーコントロールトレーニングとは、からだの使い方であるコントロールする能力アップ、身を守る能力であるケガを回避する力アップ、どうすれば上手にできるかという考える力アップの3つの要素を考慮した田中光オリジナルのトレーニングです。運動をするときに重要な全身の調整力を刺激することにより、優れたパフォーマンスが発揮できるようになります。毎日10分程度継続して持続することをおすすめします。

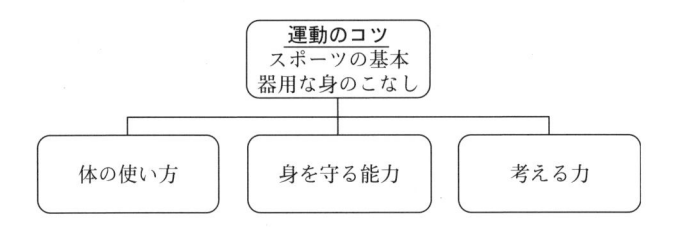

```
         運動のコツ
        スポーツの基本
       器用な身のこなし
    ┌────────┼────────┐
 体の使い方  身を守る能力  考える力
```

1.　脳活性化プログラム

（1）　グーパー体操
　"腕を前に突き出した方がパー、胸の前はグー"の腕の体操を連続して実施します。その後、反対にして"出した方がグー、胸の前がパー"を心がけてください。"出した方がグー、胸の前がパー"の連続の方が難しいです。

第3章 ボディーコントロールトレーニング　23

（2）　からだ鍵盤

ド 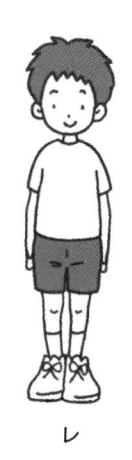　　　　　　　　レ 　　　　　　　　ミ

ファ 　　　　　　　ソ 　　　　　　　　ラ

シ　　　　　　オクターブ上のド　　　　　オクターブ上のレ

　ド・レ・ミ・ファ・ソ・ラ・シ・ドをそれぞれ体で表現します。はじめは、ドから順々に1か所ずつ試み、慣れてきたらドレミの歌にあわせて実施してみましょう。はじめはゆっくりと自分で歌いながら行うと良いでしょう。スムーズにできるようになるまで繰り返します。

（3）"たたく"と"さする"

　最初は太ももの上を早くさすりましょう。その後、早く数回たたきましょう。右手はたたく、左手はさするを同時に行ってみましょう。できるようになったら同様に反対も実施してみましょう。

（4） 腕まわし

右手は前のほうへ回し、左手は後ろのほうへ回してみましょう。右手がクロール、左手が背泳ぎです。きちんとできている人は、手が前で重なったときに手がたたけます。

2. 回転感覚向上プログラム

（1） ターン

片足を軸に上半身と下半身を1つにして片足で横にくるくる回転してみましょう。手は大きく伸ばしたところから、素早く一気に体につけて小さくしながら回ってください。足が床からずれずに2〜3周回れるよう試みます。回転時は体を1つにして、上半身、下半身を1つにしてしめます。

（2） ジャンプして一回転

空中でジャンプして1回転ジャンプを試みます。体はまっすぐ上方へジャンプして1回転して着地を止めてください。着地時に捻挫をしないように注意してください。

（3） ジャンプして一回転片足着地（1回ひねり片足立ち）

両足で踏み切り、空中で1回転して、片足で着地してみましょう。まっすぐ回転しないと、捻挫する恐れがあります。集中して注意しながら実施してください。

（4） お尻で回転

　座った姿勢から横に回転してみましょう。はじめ、足は膝を伸ばした状態で手を使って床を押しスピードをつけ、一気に膝を抱え込み、体を小さくします。

　ここで重要なのは、一気に伸びている足を抱えこみ、体を小さくするスピードです。かなりのスピードで横に回転します。5周以上回転できれば成功です。

3. ジャンプ力向上プログラム

（1） お尻でジャンプ

　腕を使います。腕を後ろから上方へ振り上げ、手をしっかり引き上げ、その反動を利用してお尻が1cmでもよいので空中に浮くようにがんばってみましょう。

（2） お尻ジャンプひねり

　左にひねる場合は、左脇をしめ、右手をたくさん振ります。右にひねる場合は、右脇をしめ、左手をたくさん振ります。背筋を伸ばして、お尻の１点で座ること。背筋、腹筋を使って体を小刻みにバウンドさせながらひねる感じです。手を使うタイミングと同時に足も曲げたところから一気に伸ばしてみると効率が良いです。できる人は 360 度回ってみましょう。

（3） 正座→立つ（両足）

　腕を使います。手を上方までしっかり振り上げ、できるだけ直立に近い、腰が高い姿勢で立てるよう試みましょう。

（4） 正座→片足立ち（右足・左足）

　片足立ちをするときに、片方の足をしっかり踏ん張りましょう。また、立つときに捻挫にも十分注意してください。こちらもできるだけ腰が高い姿勢で立つことを意識しましょう。右足立ち、左足立ち、両方を実施してください。

（5） 正座→ひねり（両足立ち）

　腕をしっかり振って手で上半身を引っ張ってひねり、できるだけ腰が高い姿勢で立てるようにしましょう。立つときに捻挫に十分注意してください。

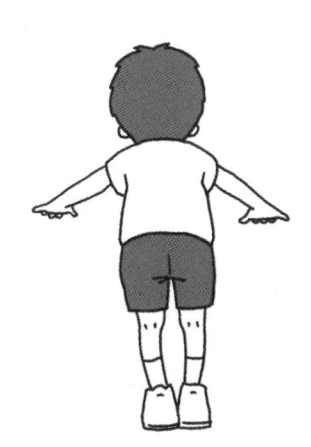

（6）　正座→1回ひねり（両足立ち）

　かなり難しい運動です。回転感覚、瞬発力が必要となります。正座時に蓄えていたパワーを一気に使って1回転しながら立ちます。捻挫にはくれぐれも注意してください。無理は決してしないでください。

（7）　正座→1回ひねり片足立ち（右足・左足）

　トップアスリート向けのトレーニングです。これができれば、自慢できます。

（8）ジャンプして空中で5回手をたたく

足で強く床を蹴り、手をしっかり使って空中に体を引き上げ、空中で手を5回たたいてみましょう。できるだけたかくジャンプしないと着地時までにたたけません。

（9）空中ジャンケン（グー・チョキ・パー）

空中でグージャンプ、チョキジャンプ、パージャンプの練習をして、ジャンケンあそびをしましょう。最初はグー、ジャンケンポン！ 余裕がある人は、空中での姿勢（ボディーフォーム）を美しく、きれいさを意識しましょう。

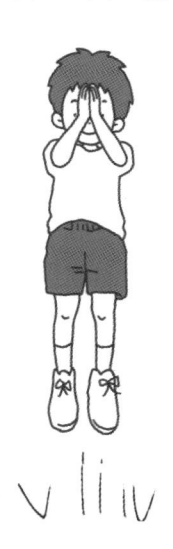

（10）ジャンプ足たたき

空中で足を1回たたいてみましょう。余裕がある人は空中で2回たたいてみましょう。足でたたくことばかり意識しすぎると、着地時に捻挫します。ジャンプ開始前は足を開いた状態からはじめた方がやりやすいです。

(11) 忍者ジャンプ

ジャンプして空中で右手で左足、続いて着地する前に左手で右足をたたいてください。しっかりジャンプしないと、片方しかたたけません。瞬発力も必要です。

(12) コサックジャンプ

どちらでも良いので片方の足を伸ばし、片方の足を曲げてください。伸ばした方の足と曲げている方の足の太ももから膝までが床と平行になることを意識して行います。体操やエアロビック競技で実施される難しい技です。

4. バランス感覚向上プログラム

(1) 立ってバランス（右足立ち・左足立ち）10秒

立った姿勢で片足立ちしてバランスをとります。10秒間静止します。慣れてきたら目を閉じて行ってください。目を閉じると全然違います。

(2) つま先立ちでバランス（右足・左足）5秒

片足つま先立ちでバランス立ちをしてみましょう。かなり難しいです。

（3） Ｙ字バランス（右足・左足）3秒

　Ｙの字を作ってみましょう。柔軟性も必要です。はじめは、膝の裏を持ち、徐々に足を伸ばしていきましょう。

（4） 命バランス（右足・左足）3秒

　少しふざけて、命バランスの練習です。

（5） 座ってバランスこんにちは！（10秒）

　座った状態から足首を持ってお尻でバランスをとり、足を閉じたり開いたりしてみましょう。お尻の一転で座るイメージで、胸や背中にあたる体幹は固定しないで柔らかく使ってください。

（6） 飛行機バランス（右足・左足）3秒

手足はピンと伸ばし、後ろ足が高く上がるようしっかり足を開いてください。ふらふらしないで飛行機を意識してください。

（7） 時計バランス（右足・左足）3秒

時計のようにカチカチと手足を流動的に動かせ、最後のポーズで3秒間静止してください。手先から足先まで体にまっすぐな棒が入っているイメージで実施します。

（8） たのCバランス（右足・左足）3秒

Cという字をイメージして手でCを作ってください。すごく"楽しい"です。

第3章　ボディーコントロールトレーニング　35

（9）　たのCYバランス（右足・左足）3秒

　少しふざけているように思うかもしれませんが、足をしっかり上げて、Cバランスから一気にY字バランスで3秒間静止します。Y字バランスの足の持つ位置は、はじめは膝を持ち練習を繰り返し、徐々に足首を持てるようにがんばりましょう。

（10）　フラミンゴバランス①（右足・左足）3秒

　上げている方の足は天井に向けて、ぴんと張るイメージで行います。柔軟性も必要となります。しっかり足を開いてください。あらかじめ床で前後に足を開く開脚を実施し、体が柔らかくなってきてから実施を試みましょう。

(11) フラミンゴバランスⅡ（右足・左足）3秒

ブリッジから片足を天井に向けて上げてみましょう。上げた足の膝は曲がらないように注意し、できるだけまっすぐ足が天井に向くように努力します。胸と背中の柔軟性に加え、肩の柔軟性も必要となります。

(12) Ｖ字腹筋バランス（5回〜20回）

仰向けに寝た状態から上体を起こし、足を上げ、Ｖ字になるように意識します。かなりの腹筋力が必要となります。余裕がある人は5回〜20回程度実施します。

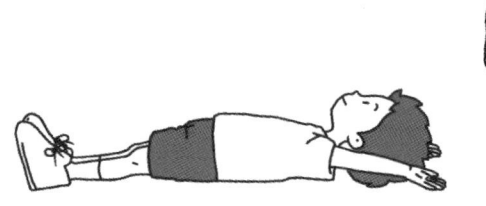

(13) 携帯電話（2秒）

手足を伸ばして仰向けに寝た姿勢（携帯を開いた形）から、一気に足と上半身を同時に上げて、ピタッと停止（携帯を閉じた形）した姿勢で2秒間静止します。かなり難易度が高い技です。

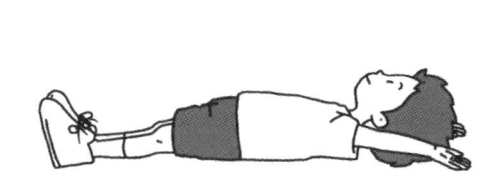

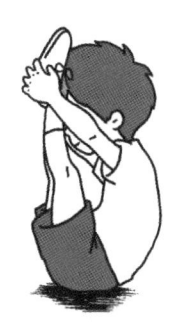

(14) カマキリバランス（右手、右足立ち・左手、左足立ち）3秒

手と足の2点で体を支え、さらに足を上方に上げてキープしてみましょう。膝が曲がるようでは、まだまだです。ヒップアップにもなる体操です。

(15) グラスホッパーバランス（右手、左足・左手、右足）3秒

腕立て伏せのポーズから手を空中に上げます。そこから手と反対の足を空中に上げて3秒間キープします。ふらふらしないように我慢しましょう。

(16) 下字バランス（右足・左足）3秒

下という字を意識してバランスをとります。かなり股関節の筋力を使うバランスです。

(17) 正字バランス（右膝、左手・左膝、右手）3秒

前から見て正という字を意識して行ってください。非常に難しいバランスです。

(18) Ｉ字バランス

Ｉという字を意識して行ってください。かなりの柔軟性が必要となります。

5. 支持力向上プログラム

(1) くまさんで回転

手と足が床についた状態でその場でくるくる回ってみましょう。回りやすい方向に5周トライして下さい。支持力がアップする重要な動作です。

(2) アンテナ～立つ

写真のようにアンテナ状態を作り、転がって起き上がるときに手をつかないで立ってみましょう。立つときには、手を前に移動しましょう。

(3) アンテナ～開脚で立つ

写真のようにアンテナを作り、足を開き股の前に手をついて前方にしっかり押して開脚しながら立ってみましょう。

（4） 開脚立ち～支持

開脚に立った姿勢から前に倒れて手で体を支持して止まってみましょう。顔面や胸を強打しないように注意して手で体を支えてください。

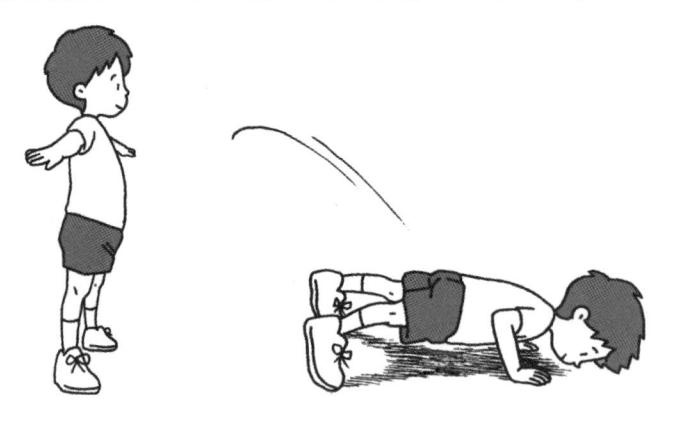

（5） 足たたき

手で体を支えながら足で1回たたいてみましょう。できた人は2回～3回連続でたたいてみましょう。あまり足を高く上げすぎると危ないです。

（6） 腕立て伏せジャンプ

腕立て伏せの状態から手でしっかりと床を押してジャンプして空中で1回手をたたいてみましょう。できる人は2回〜3回たたいてみましょう。かなり腕の力が必要となります。

（7） 腕立て伏せ〜ジャンプして手と足をたたく

腕立て伏せのポーズから手と足を同時に空中にアップして1回たたいてみましょう。できる人は2回〜3回たたいてみましょう。かなり難しい運動です。

（8） くも移動

写真のようなくもの状態で前に移動したり、横に移動したりしてみましょう。上向きで両手両足を床につけ、お尻は床から離した状態で前進します。お尻は上げすぎなくても良いですが、お尻が床から必ず離れているようにしてください。手足を素早く動かし、前後、左右に移動します。相手と競争しながら速さを競うと大変おもしろいです。

(9) くもジャンプ

　くもから両手と両足を同時に空中に浮かしてジャンプを試みてください。少しでも浮けば成功です。

(10) おおぐも（両手、右足・両手、左足）3秒

　写真のような姿勢を作ります。足を上げる際にお尻が床と近くならないようにしっかり引き上げて実施してください。

(11) かえる（3秒）

　支持系の基本的な動きで、倒立の導入として練習してください。実は腕の力よりもバランスが重要です。しっかり床（マット）を押し、肘の上に膝を乗せ、バランスを保ちながら支持をします。頭部も含む全身でバランスをとって、3～5秒くらい静止してください。

(12) かに（3秒）

　股関節が柔らかい人は、肘に足を乗せて簡単にバランスがとれるため、カニ支持のほうが、カエル支持よりも簡単です。体の硬い人は、かなり腕の力を必要とします。前方に体重をかけ、お尻を浮かせてバランスをとります。3秒静止してください。

(13) サソリ（2秒）

カニ支持ができるようになったら、足を伸ばし、サソリ支持にチャレンジしましょう。サソリ支持は、体幹が重要で、意識して背中の筋肉も使い、胸を上に"吊り上げる"イメージで行います。足をピンと伸ばすことを意識します。お尻を床から離すことができていれば、胸が吊れています。柔軟性が高くても、かなりの腕の力を必要とします。2秒くらいできればOKです。

(14) カブトムシ（2秒）

はじめは難しいと思いますが、腕の上腕三頭筋を使って、1秒でも2秒でもかまわないのでお尻が床から浮くように練習していきましょう。

(15) ノコギリクワガタ（1秒～2秒）

かなりの腕力を必要とします。手はしっかりと床を押すようにしましょう。これができたらすごい！

(16) オオクワガタ（1秒）
とても自慢できます。

6. 全身総合力向上プログラム

（1） 手と足が逆でジャンプ

アキレス腱を伸ばす形から両足をそろえ気をつけをします。次に反対のアキレス腱を伸ばします。交互に足を入れ替えて繰り返します。必ず真ん中で気をつけを入れてください。次に手の動作をつけます。足と反対の手を同時に出すよう試みましょう。気をつけは手は横です。連続して実施して、同じ方向の手と足が出ないようになるまで繰り返し練習をします。

（2） 仰向けに寝た状態からおなかの前で手を組んで手を離さずに立つ

仰向けに寝た状態からお腹の前で手を組んで、手を離さずに早く立ちます。みんなで競争するとよりいっそう面白いです。どうすれば早く立てるか。考えて実施しましょう。

（3） 仰向けに寝た状態から頭の後ろで手を組んで手を離さずに立つ

　仰向けに寝た状態から頭の後ろで手を組んで手を離さずに立ちます。少しずつ難しくなります。できるだけ早く立てるように努力してください。

（4） うつ伏せに寝た状態から手を組んで立つ

　うつ伏せに寝た状態から背中で手を組んで、手を離さずに早く立ちます。瞬発力をかなり要しますが、できるだけ早く立ちましょう。

（5） うつ伏せから後ろで手を組んで立つ

うつ伏せに寝た状態から頭の後ろで手を組んで手を離さずにできるだけ早く立ちます。そのまま立つより仰向けになってから立つ方が効率的です。

（6） 開いて閉じて

足はパーグーパーグー、手もパーグーパーグーを繰り返します。エアロビクスではジャンピングジャックといいます。

（7） 開いて閉じて閉じて

　足はパーグーグー、手はパーグーを繰り返します。足と手が異なる動きとなるため、結構難しいです。繰り返しできるまでがんばって練習しましょう。

第4章 キッズエアロビック

　キッズエアロビックとは、一般でいわれているフィットネスエアロビックと同じですが、基本とするステップ動作を中心に「リズム感」「柔軟性」「敏捷性」「表現力」「ジャンプ力」「バランス感覚」「運動基能の発達」「体力」「コミュニケーション能力」の向上を促す運動要素が多く含まれています。

　スタンディング（立位姿勢）でのステップだけではなく、空中動作、床動作もありますので、全身を使ってバランスの良い運動効果が期待できると思います。

　様々な足のステップ（足の動き）とアームワーク（手の動き）を組み合わせながら、指導者と子どもが一体となって楽しめるようバランスの良い運動指導を心がけましょう。

1. エアロビックステップの紹介

（1）バウンス

　肩幅ぐらいに足を開いて、膝と足首のクッションを利用して軽やかに弾みましょう。

（留意点）・上体が前傾しないようにしましょう。

・膝が伸びたままにならないようにしましょう。

(2) ウォーキング

膝と足首を柔らかく使い、前後に腕を振りながら歩きましょう。

（正面）　　　　（横）

（留意点）・つま先から踵という順序で軽やかに足踏みをしましょう。

・腕は、胸の高さまで振り上げましょう。

・上体が振られないようにしましょう。

・つま先と膝が同じ向きになるようにしましょう。

（3）　ホップステップタッチ

　立位の状態から、片足ずつ横に出して弾みながらもう片方の足を引き寄せましょう。足を閉じると同時にクラップ（手拍子1回）をしましょう。

（留意点）
・足を開いた後は、必ず閉じましょう。
・膝を柔らかく使いましょう。

（4）　サイド to サイド

　立位の状態から、横に足を出して重心を移動させて、もう片方の足を引き寄せましょう。同じ方向に2回移動しましょう。

（留意点）・足を開いた後は、必ず閉じましょう。
　　　　　・重心をしっかり移動させましょう。

（5） ギャロップ

肩幅ぐらいに足を開いて、軽く弾みながら横に移動しましょう。

（留意点）・床を引きずらないように軽やかに弾みましょう。
　　　　・上体が前傾しないようにしましょう。

（6） ジョギング

お尻を蹴るように走り、腕は前後に振りましょう。

（正面）　　　　　　（横）

（留意点）・上体が前傾しないようにしましょう。
　　　　・しっかり重心を引き上げましょう。

（7） ケンケン

片足ずつ膝を曲げて、重心を移動させながら2回ずつ弾みましょう。

（留意点）・上体が振られないようにしましょう。
　　　　　・手の反動を使って軽やかに弾みましょう。

（8） ジャンプ（空中動作）

足首、膝のクッションを上手に使って床を蹴って空中にジャンプしましょう（グー・チョキ・パー等）。

（留意点）・足首と膝を柔らかく使いましょう。
　　　　　・着地の時には、必ず膝を曲げましょう。

(9) ヒップシェイク

肩幅ぐらいに足を開いて、弾みながら横にお尻を振りましょう。

(10) ジャンピングジャック

立位の状態から、弾むと同時に肩幅より少し広めに足を開いて床を蹴って閉じましょう。

(留意点)・つま先と膝が同じ向きになるようにしましょう。
　　　　・足首と膝を柔らかく使いましょう。
　　　　・上体が前傾しないようにしましょう。

(11) ヒールタッチ

片足ずつ前方に足を出して踵を床につけましょう。

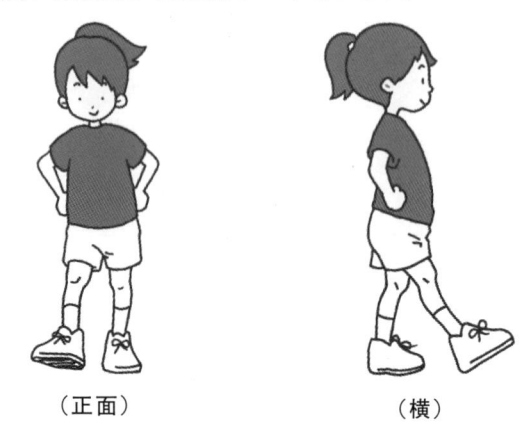

（正面）　　　　　（横）

(留意点)・出した足は、元の位置にもどしましょう。
　　　　・上体が前傾しないようにしましょう。

(12) トータッチ

片足ずつ前方に足を出してつま先を床につけましょう。

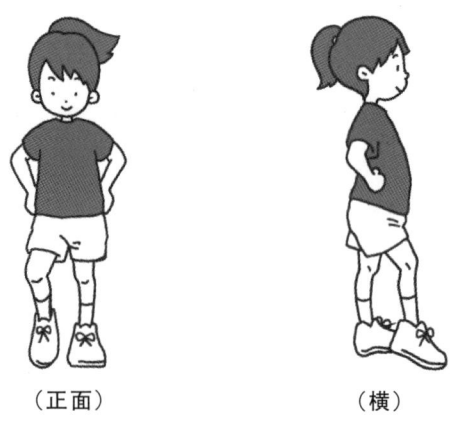

（正面）　　　　　（横）

(留意点)・つま先と膝が同じ向きになるようにしましょう。
　　　　・出した足は、元の位置にもどしましょう。
　　　　・上体が前傾しないようにしましょう。

(13) Ｖステップ

　立位の状態から、片足ずつ斜め前に出して重心を移動させながらＶの字を描きましょう。

（留意点）・つま先と膝が同じ向きになるようにしましょう。
　　　　　・動作の最後は、元の位置にもどりましょう。

(14) グレープバイン

　立位の状態から、体は正面のまま横に４歩移動する中で片足ずつ横に足を出し２歩目は交差させて３歩、４歩と移動しましょう。

（留意点）・２歩目はしっかり交差させましょう。
　　　　　・４歩目では必ず足を閉じましょう。
　　　　　・重心を引き上げて移動しましょう。

(15) ランジ

立位の状態から、片足を横に出してもどしましょう。

（留意点）・上体は、やや前傾させましょう。
　　　　　・出した足は、元の位置にもどしましょう。

(16) キック（ロー・ミドル・ハイ）

片足ずつ後方に曲げてから、前方に蹴り出しましょう。ハイキックに関しては、後方に曲げずにストレートにそのまま蹴り出してください。

（留意点）・つま先と膝が同じ向きになるようにしましょう。
　　　　　・上体が、振られないようにしましょう。
　　　　　・膝を柔らかく使って、リズミカルに行いましょう。

（17） ニーアップ

片足ずつ膝を曲げた足を腰の高さまで引き上げましょう。

（留意点）
・上体が前傾しないようにしましょう。
・膝をしっかり引き上げましょう。

（正面）　（横）

（18） ステップバック

片足ずつ前方に足を出して、重心を移動させ元の位置にもどしましょう。

（正面）　（横）

（留意点）・足を出した時に前傾しないようにしましょう。
　　　　・重心移動をしっかり行いましょう。

2. 床動作

（1） プッシュアップ（腕立て伏せ）

四つん這いになり、腕を曲げて伸ばしましょう（膝立て）。

（留意点）・背中が丸くなったり、おなかが下がったりしないようにしましょう。
・あごを出したり、引き過ぎたりしないようにしましょう。
・肘は、突っ張らないようにしましょう。

（2） アブドミナルカール（腹筋）

仰向けになり膝を立て、上体を斜め45度まで起こしましょう。

（留意点）・腰を反らさないようにしましょう。
・上体を起こし過ぎないようにしましょう。
・上体を勢いで起こさないようにしましょう。

（3） サポート（支持系）

床に座り（あぐら）、両手を足の横についてお尻を上げましょう。

（留意点）・手で床を押して、しっかり体を支えましょう。
　　　　・お尻を上げるときは、上体を少し前傾させましょう。

3. アームワーク

　足のステップに慣れてきたら、腕の振りを付けます。
これを「アームワーク」といいます。
　アームワークには、「ショートレバー」と「ロングレバー」があり、指導者は子どものスキルに合わせてバランス良く、足のステップとアームワークを組み合わせる必要があります。
　振り付けの中に「ショートレバー」を多く取り入れた場合、ある一定の運動領域でしかないため、運動強度が低くなってしまいます。
　一方、「ロングレバー」が多くなれば運動強度が高すぎて、負担が大きいため疲れやすくなりケガにつながる場合があります。
　子どもの年齢、スキルに適した足のステップとアームワークを組み合わせて、指導者も子どもも楽しく運動できるように十分な配慮を心がけましょう。
　動きを説明するときに話が長くならないように注意しましょう！　また、自らが積極的に動き、一つひとつ大きくはっきり見本を見せることが大切です。

4. 手足の振り付け──振り付けの構成──

　キッズエアロビックのプログラムの中で振り付けを行う場合、次の手順で進めてみましょう。
- 子どもが、受け入れやすい音楽を選択しましょう（年齢に合った曲調・BPM）。
- 子どもの年齢、スキルに合ったステップを選択しましょう。
- 足のステップとのバランスを考え、手の振りを付けましょう。
- 空中動作、床動作も組み合わせましょう。
- 振り付けが完成したら、必ず動いて確認しましょう。

　運動量と質のバランスを良く考慮し、子どもにとって無理のないプログラムになるようにしましょう。

キッズエアロビック指導案

○月　○日（　○曜日）○○組（　○歳児）場所（　△△△　　　）
男（　○名）女（　○名）計（　○名）指導者　宮田芳美

主題	課題	ねらい
音楽にあわせて楽しく全身運動をする。	楽しみながら振り付けを覚える。	・エアロビックの楽しさを知ってもらう。 ・お友達とのコミュニケーションがとれるように心がける。

時間	環境	活動内容	指導上の留意点	準備
15：15〜		集合・ご挨拶・出席	・きちんと整列させ、元気良く挨拶をする。 ・名前を呼んで返事をするときは、指導者の顔を見て大きな声で返事をする。	
15：20〜		準備運動 ・枠内で鬼ごっこ ・音楽に合わせて動いたり、止まったり ・水分補給	・子ども同士のぶつかりがないように注意する。 ・捻挫などに注意する。 ・子どもの動きを良く観察し、個々のレベルを把握する。 ・子どもの状態に合わせて小まめに水分補給の時間を設ける。 ・水分の取り過ぎに注意する。	
15：30〜		柔軟体操（円になる）	・子どもが興味を示すように動物の真似をしながら行う。 ・勢いで行わないように指導する。（ケガをする可能性があるため）	
15：40〜		音楽に合わせてエアロビック ・指導者を見ながら足のステップを行う ・水分補給 ・手の振りを付ける ・2〜3回手足の振りを繰り返す	・子ども同士のぶつかりが起こらないように立ち位置を配慮する。 ・子どもたちが、楽しめる明るい音楽を選択する。 ・多くのステップを行わず、無理のないプログラムにする。 ・子どもの様子を観察し、慣れてきたことを確認する。 ・子どもの状態に合わせて小まめに水分補給の時間を設ける。 ・水分の取り過ぎに注意する。 ・簡単な手の振りにする。 ・個性が出るように子ども達にポーズ等を考えてもらう。 ・覚えることより、楽しく全身運動を行っていることを実感してもらう。	
15：55		集合・本日の評価・連絡事項・ご挨拶 解散	・きちんと整列をする。 ・本日の子どもの全体の様子を考慮して評価をする。 ・来週の内容を説明して、保護者への配慮をする。 ・忘れ物がないように声かけをする。	

第5章 体操の基本的な指導法・補助法

　体操とは、体を操ると書きます。運動時に体を巧みに支配する能力を養い、その延長で様々なスポーツに発展させましょう。スポーツの基本的な動きとなる基本的な体操の技や指導法、補助法を紹介します。

　レベルアップを図るために一番大事なことは、繰り返し練習をすることです。しかし、過度なトレーニングは無意味で逆効果です。自分のペースで行うようにしてください。

1．鉄棒あそび

　前まわりや逆上がり等、鉄棒に必要な筋力や動作を学習するための準備段階の運動を紹介します。遊び感覚で実施し、次第に鉄棒の基本を身につけてください。

（1）ブタの丸焼き

　鉄棒と体が平行になるように手と足を使って鉄棒にしがみつきます。まず、手でしっかりと鉄棒を持ち、足を鉄棒に引っかかるように蹴り上げます。この時の蹴り上げは逆上がりの足の振り上げにもつながる運動です。

（2） ブタの丸焼きあぶり

ブタの丸焼きからさらに横に振れるようにがんばってみましょう。手の力を右左と交互に力を入れ、肩を揺らしながら上半身〜下半身の順に横に横揺れ、振り子のように揺らします。これはかなり難しい運動です。練習するうちに次第にコツがつかめます。筋力アップにもつながるため、繰り返し練習を試みてください。

（3） だんごむし

腕を短く手をしっかり曲げて、鉄棒からあごがでるかでないところで、がんばって10秒間静止してみましょう。友だちと競争しても良いです。遊びながら、徐々に支持力がアップします。少し揺らした状態でできれば、すごいです！

（4） ななめだんごむし（10秒程度）

鉄棒に腕を一番短く曲げて鉄棒に対して縦になるようにぶら下がり、その状態をキープします。手の持ち方はどのように持っても自由です。鉄棒より頭が上がったところで維持するようにしてください。上手になってきたら、その状態で左右や前後に揺らしてキープします。5秒程度も維持できないようでは腕の力が不足しています。鉄棒にぶら下がったり、手で体を支えたりする運動を多く行い、まずは腕の力をアップさせましょう。

（5） 支持ジャンケン

　鉄棒の上に両手で支持をして、大人は前で普通にジャンケンをします。子どもは、支持状態から足でジャンケンをします。順番を決めて、ゲーム形式で何回か勝つまで繰り返し遊んでみましょう！

（6） ふとんほしで逆さ感覚を身につけよう！

　鉄棒に支持をした状態から前に倒れて腰の位置で鉄棒をはさみ、ふとんほし状態になります。鉄棒に横2列、2人で同時にふとんほし状態になり、逆さ状態でジャンケンをしましょう。3回勝った方が勝ちですよ！

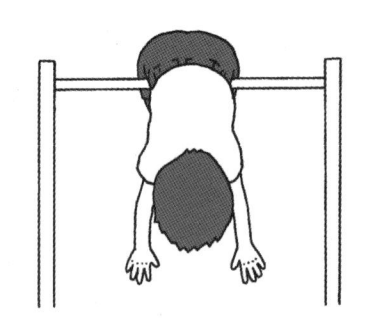

（7） ふとんほし～支持にもどろう

　ふとんほし状態から背中を丸め、支持状態にもどります。このとき、背中を反らせると逆に前への力が働き前回りになってしまいます。背中を丸め、腰、胸、肩の順に力を入れてください。

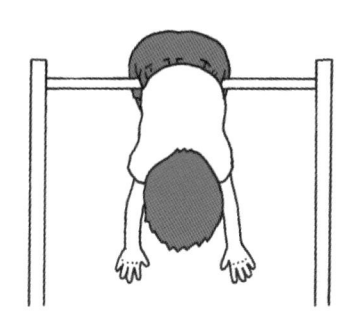

　上手になってきたら、素早くふとんほし状態になったり、支持にもどったりを繰り返します。2回～3回繰り返して最後は前回りをしてください。回転を早くしたり、遅くしたり自分で調節できるようになるまで、たくさん練習してください。

（8） 忍者前回りに挑戦だ！

　鉄棒で支持をし、腕をピンと伸ばして、前に回転をして着地でドスンとならないように、ゆっくりと足を床に下ろしてください。絶対に手は離さないように指示してください！

2. 逆上がり

　逆上がりの大事なポイントは、①足の踏み込み〜振り上げ、②腕の引きつけ、③逆さ感覚回転感覚の3つです。
　また、このポイントの中で時間をかけて練習しないと身につかないのが、腕の引きつけに必要な腕の筋力です。準備段階の練習でしっかりと腕の力（支持力、懸垂支持力）をアップさせてから実際に逆上がりの練習に望みましょう。逆上がりは、この3つのポイントをほぼ同時に行うことから、技の構造が複雑な比較的難しい運動です。
　このような構造が複雑な運動を行う場合、一つひとつの動きをきっちりこなし、なおかつ、ポイントの①②③の3つの動きのつなぎをスムーズに処理できないと実際に技は成功しません。スムーズに実施するためには、繰り返し練習を行うことにより、運動の統合が起こります。
　腕の筋力が強い子どもの場合、上記の3つのポイントができなくても、技術を筋力でカバーし、逆上がりができる例もあります。
　実は筋力は技術をカバーしてくれるとても大事な役割をしているのです。まずは、自分の体を支える筋力を最低限養ってから取り組むようにしてください。
　以下に、逆上がりを行う前に取り組む運動を紹介します。遊び感覚で実施し、次第に逆上がりの基本を身につけてください。

（1） 鉄棒の握り方

　肩幅より少し広めにしっかり鉄棒を握って持ちます。腕は曲げた状態で短くしてください。このときに逆手で持って実施を試みても良いですが、通常は順手で行います。逆手の場合は、鉄棒に手を巻きつけるように持つと力が入りやすいです。

（2） 足の踏み込み

　足は前後にチョキにします。このとき、どちらの足の方が前にくるかは、右足、左足と足を上方に蹴り上げてみて、上げやすい方の足を後ろにします。もしくは、ボールを蹴るとき、蹴る方の足である利き足を後ろにします。逆上がり実施時に足を振り上げる際、足の踏み込みが非常に重要な要素となります。しっかり踏み込める足を前にしてください。

（3） 足の振り上げ

　足はチョキの姿勢からしっかり踏み込んで、もう片方の足を上方に蹴り上げます。狙う方向は、頭の後ろを蹴るイメージでしっかり振り上げてください。頭の後ろにボールがあって、オーバーヘッドキックのように、そのボールを蹴るくらいの勢いです。

（4） 腕の引きつけ

　足の振り上げとほぼ同時のタイミングで、腕を引きつけて、握っている鉄棒をおへそに近づけるようにしておなかを鉄棒に接触させます。このときに

大事なことは、腕が伸びないことと、頭の位置です。腕は曲げたままの状態からさらに縮めて力を入れ、頭は、あごが上がらないように、あごをしめて実施します。鉄棒に近づいた体を絶対に鉄棒から離さない気持ちで力を入れます。

（5） 逆さ感覚・回転感覚

　鉄棒の上に体が乗り、ふとんほし状態になることができれば成功です。後は、できるだけ背中を反らせないように注意しながら体を起こします。このときに上体を起こすことを意識し過ぎて、頭を上げようと体を反らせてしまうと、反対に前回りのように元の状態にもどってしまいます。背中は丸めて、腰、背中、首、頭の順に上体が起き上がり、支持姿勢になります。

（6） 逆上がりの補助

　振り上げる方の足側に補助者は立ちます。お尻が一番重いため、腰の位置に片手を支持し、足の振り上げと同時にもう一方の片手で太ももか膝の裏を持ちます。補助者はできるだけ早く腰や足を持てるように試みてください。上体を支持に起き上がらせるときは、肩に手を置き、サポートします。

3. 跳び箱の開脚跳び

跳び箱の重要なポイントは、①踏み切り板の踏み方、②踏み切り～手をつくまで、③手をついてからのつき放しの3つです。

（1）踏み切り板の上手な踏み方

体育館などで線（ライン）を見つけ、線の上に両足を揃えて着地します。このとき、1～2歩の助走から片足踏切で両足を揃えて着地します。上手に着地できるようになってきたら、着地した後にジャンプをします。また、着地するところを○などの目印をつけても良いでしょう。ここまでの過程がクリアーされたら、実際に踏み切り板を使って、走ってから踏み切り板に両足を揃えて踏み込み、高くジャンプします。ジャンプした後は、棒ジャンプや空中グージャンプ、空中パージャンプ、空中回転ジャンプなどを行って遊んでみると良いでしょう。最終段階では、低い跳び箱の1段を使い、踏み切り板をしっかり踏み込み、跳び箱の上にジャンプして立つ練習を試みましょう。

（2）踏み切り～手をつくまで

低い跳び箱を縦に置き、開脚跳びを試みます。はじめは跳び越せなくても跳び箱の上に開脚で座ってみましょう。恐怖感がある場合は、マットを丸めて跳び箱の代わりにしてください。開脚跳びをする際、手をつく時に、あ

る程度、腰が高く上がった状態になっていないと、足が跳び箱に引っかかって危険な状態になります。手をつく際には、上から跳び箱をたたきつけるように手をつくことを意識してください。徐々にお尻を高くあげることを心がけて実施しましょう。慣れてきたら、今度は思い切って前の方に手をつく練習をします。

（3）　手をついてからのつき放し。前方向（着地方向）への手の押し。

（手のつき放しが難しい場合は足の移動に意識をもたせましょう）

　開脚跳びをしながら手より体が前に移動するように手のつき放し（手の押し）を意識します。はじめは低い跳び箱で行いましょう。体が前に移動するようにしっかり手で跳び箱を押すことが大事です。

（4）　開脚跳びの補助

　踏み切り板を踏むと同時に補助者は腕（できるだけ肩の近く）を持ちます。体が移動するときは、反対の手で膝の裏を持ち、一気に前方へ移動させます。着地時が一番ケガの起こりやすいポイントのため、着地まで腕のサポートは離さず、もし、お尻が高く上がり過ぎて、前へつんのめるような場合は、しっかり補助をしてください。

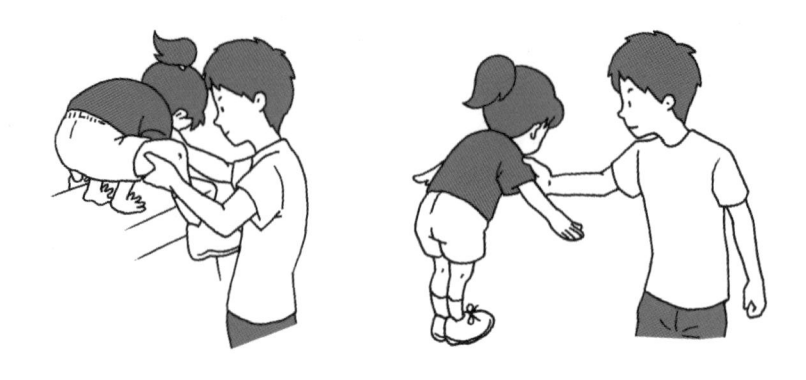

4. 前転（前まわり・でんぐり返し）

　しゃがんだ状態から手をつき、腰を上げます。このときに腰を高く上げようとすると頭が入りスムーズに回りやすくなります。また、回転時に膝の曲げ伸ばし動作を大きく行うと勢いが増します。

　2歳〜3歳児の小さな子どもの場合は、足を開き手を近くについたトンネルの姿勢から前まわりを行うと良いでしょう。

　背中を丸め、前に回ります。背中を丸めると首、背中、腰が上から順番にマットへ接触するのでスムーズに回転できます。おなかを引っ込めると背中を丸めやすくなります。腰（お尻）を上げて、一気に足で床を蹴り、前方に回ります。スムーズに回転するためには、腕でしっかり体を支えることが大事です。腕を前に伸ばして立ち上がります。腕を前に伸ばすと体重を前に移動しやすくなるので立ち上がりやすくなります。

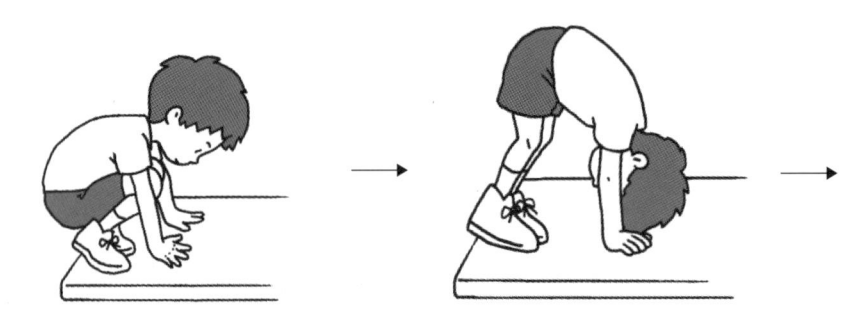

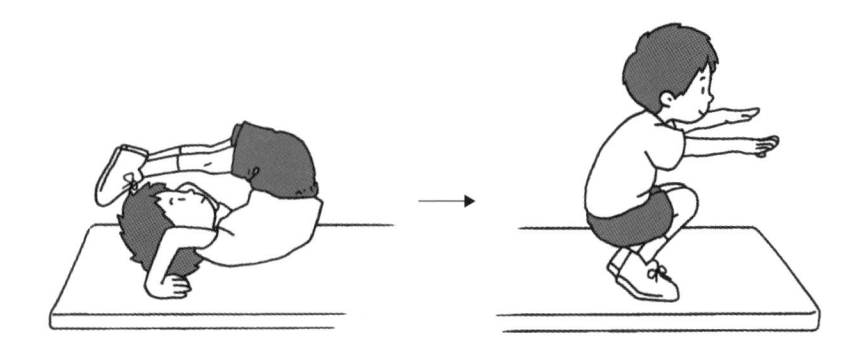

(1) 前転の補助法

回転時に腰をしっかりと持ち、頭（首）を守ってください。前方斜め45度に引っ張るイメージで転がします。

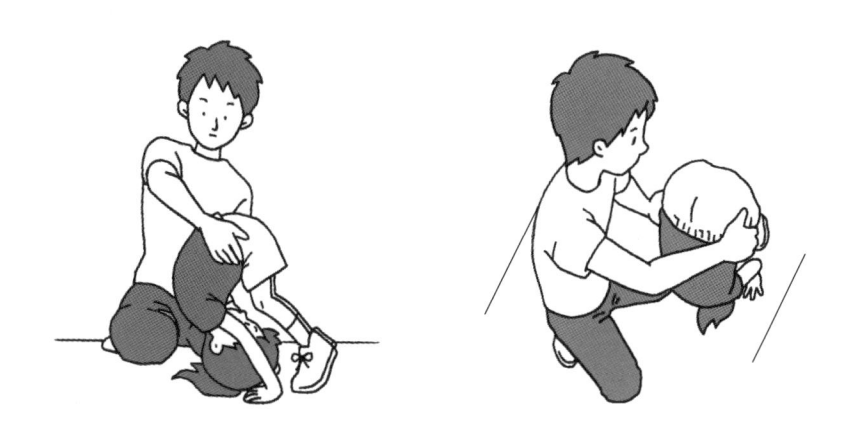

5. 後転（後ろまわり）

正面を向き、手を下ろしてしゃがみます。正面を向くと回転時に後ろへ回る勢いをつけることができます。肘を上げながらお尻をマットにつけます。肘を上げると脇が開き、後ろへ回る勢いをアップさせることができます。背中を丸めながら後ろに回り、肘を閉じながら手の平全体を耳の横でマットにつけます。背中を丸めると腰、背中、首が下から順番にマットへ接触するのでスムーズに回転できます。おなかを引っ込めると背中を丸めやすくなります。肘を閉

じると回転時に手の平がマットから離れにくくなります。最後は、足の裏をつま先からマットにつけて起き上がります。

（1） 後転の補助法

前転と同様に腰をしっかり持ち、手の力が弱くても首を痛めないようにしっかり引っ張って補助をしてください。

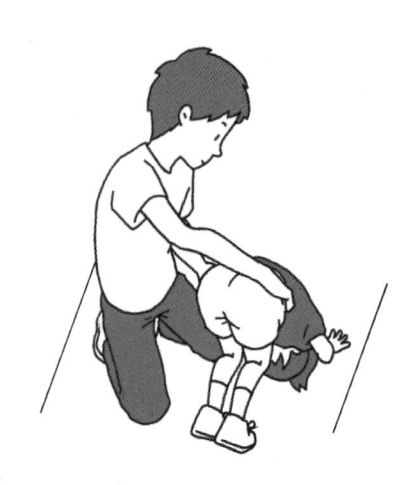

6. 側　　転

　手を上げて回転方向の足を前に出します。おへそを前に向けると、後ろ足をまっすぐ振り上げやすくなります。手を振り下ろしながら後ろ足を振り上げます。回転時は、体が反らないように心がけてください。後ろ足の膝を伸ばすと大きな回転ができます。回転方向の手を手前、反対の手を奥にして手をマットにつけます。手で体を支え、足を大きく開いて回転します。手と手の間を見ると足腰が上がりやすくなります。足は体の上を通し、まっすぐな縦回転で行うと大きな回転ができます。回転方向と反対の足から順番にマットにつけます。おへそを横に向けて手を横に開きポーズを決めます。

（1）補助の仕方

開始時は手をクロスに構え、倒立時に腰を持ち、この状態で崩れても首を痛めないようにサポートします。そのまま、横に押し出すようにして立たせます。

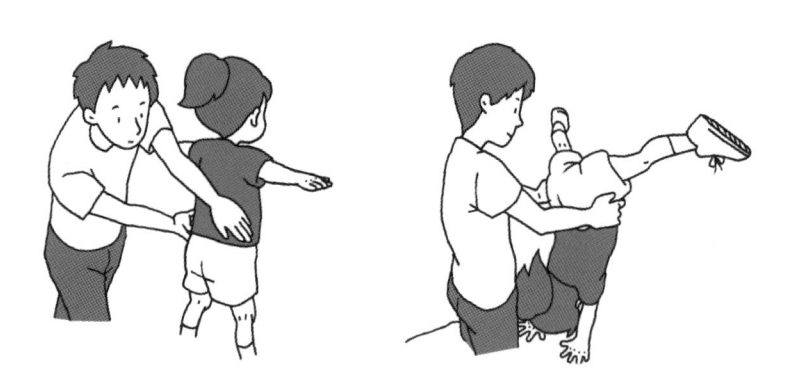

腕で体を支える力が弱い場合は、次に紹介する足を体の横に通す「横回転の側転」に取り組むと良いでしょう。

（2） 横回転の側転の練習の行い方

　はじめは一直線上を意識せず、自由に床を使い、足や腰が曲がった状態で行う小さな側転（横回転の側転）を試みましょう。

　立ち姿勢から半分ひねって手をつき、手で支持をして、さらに同じ方向に半分ひねって元の姿勢にもどります。合計横に1回転している計算になります。繰り返し練習しましょう。次第に慣れてきたら、足や腰を少しずつ伸ばしていきましょう。スムーズに回転ができるようになってきても、体が反ることがないように注意します。一直線上を意識して、まっすぐな倒立を経過する側転（縦回転の側転）の練習に入りましょう。意識するところは、手の振りと、回転するときのわき腹の引っ張りです。

第6章 親子体操のススメ

　わが国では、子どもたちの学力低下や体力低下、心の問題など、からだと心の両面における問題が顕在化しており、それらの問題の背景には、幼少児期からの生活リズムの乱れや親子のきずなの乏しさが見受けられています。こうした問題に加えて、子どもの生活の中で、運動エネルギーの発散や情緒の解放を図るために必要な「体を思い切り動かして遊ぶ機会」が極端に減ってきています（前橋，2007）。
　また、今日、便利さや時間の効率性を重視するあまり、徒歩通園よりも車通園に偏り、歩くという運動量の確保が難しくなってきました。親子のふれあいやコミュニケーションの機会も減り、体力低下や外界環境に対する適応力も低下している様子がみられています。加えて、テレビやビデオの使い過ぎも、対人関係能力や言葉の発達を遅らせ、コミュニケーションが難しい子どもにしてしまう危険性があります。よって、乳幼児期から親子のふれあいがしっかりもて、かつ、からだを動かす実践をあえて行っていかねばなりません。
　そこで、「親子体操」の実践を勧めたい。親子でいっしょに体操をして汗をかいたり、子どもにお父さんやお母さんを独り占めにできる時間をもたせたりすることは、体力づくりだけでなく、子どもの心の居場所づくりにもつながっていきます。親も、子どもの動きをみて、わが子の成長を感じ、喜びを感じることもできます。他の家族がおもしろい動きをしていたら、参考にして、知的

面の発達もみられます。そして、子どもががんばっていることをしっかりほめて、自信をもたせるかかわりも芽生えだします。子どもにも動きを考えさせて、創造性を培う働きかけもみられます。動くことで、子どもたちはお腹がすいて食事が進み、夜には心地よい疲れを得てぐっすり眠れます。

　このように、親子体操の実践は、食事や睡眠の問題改善、いわゆる生活リズムや知的面の向上、心の問題の予防・改善にしっかりとつながっていきます。親子体操をはじめとする運動を、成長期の子どもたちの生活の中にしっかりと浸透・活性化させていくことで、子どもたちの健康や生活を取り巻く環境は、大きく根本から変わってくるでしょう。大きくなってからの軌道修正は極めて困難であり、現実的ではありません。だからこそ、幼少児期には、心とからだの健康づくりのために、小さいながらも継続的な努力を積み重ねていくという姿勢を願っています。

仲よし立ち座り
(1)　親と子どもは、背中あわせになって腕を組みます。
(2)　腕を離さないで、いっしょにお尻を床につけて座ります。
(3)　2人が呼吸をあわせて、いっしょに立ち上がります。
［メモ］
　タイミングよく行うことやお互いに背を押し合うことを、打ち合わせて挑戦してみましょう。

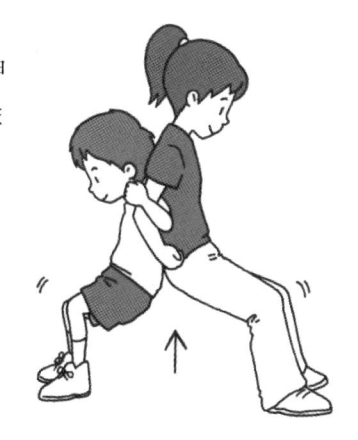

空中かけっこ

(1) 親と子どもは、向かい合って長座姿勢になります。
(2) 子どもは右足（または左足）を曲げ、左足（または右足）は伸ばしたままにしておきます。
(3) 親は、子どもが曲げている足の裏に自分の足の裏を合わせて伸ばし、子どもの伸ばした足の裏に自分のもう一方の足を合わせて曲げます。
(4) お互いに足の裏が離れないように近づきながら、このままの状態で空中に足を上げます。
(5) 空中でかけっこをするように、足を交互に曲げたり、伸ばしたりします。

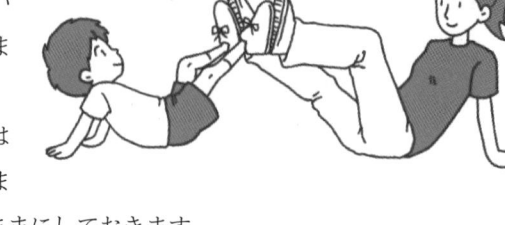

［メモ］
　かけ足のリズムをとるために、「1・2・1・2…」と声をかけ合いながら行うと良いでしょう。

しゃがみずもう

(1) 子どもと親は、向かい合ってしゃがみます。
(2) しゃがんだ状態で、両手を合わせ、足の位置を動かさないように、お互いに押し合います。
(3) 押し倒されたり、押しそこなったりして、足が床についたり、足が動いたりすると、負けになります。

足跳びまわり

(1) 親は、足を伸ばして座り、子どもは、親の足の上を両足踏み切りで跳び越えて、親の後ろを通って一回りします。
(2) 跳べたら、親は少しずつ足を開いていきます。子どもは、どのくらい遠くまで跳べるかな？
(3) できたら、後ろ向きの両足跳びやケンケン跳びでも挑戦してみましょう。

跳び越しくぐり

(1) 足跳びまわりでしたように、子どもは、座っている親の足の上を跳び越えます。それから親は座っている状態でお尻を浮かせて、子どもは親のお尻の下をくぐり抜けます。
(2) 子どもがお尻の下をくぐるときに、お尻で通せんぼをしてもおもしろいでしょう。
(3) お尻だけでなく、いろいろなところをくぐってみましょう。親はシェイプアップ！

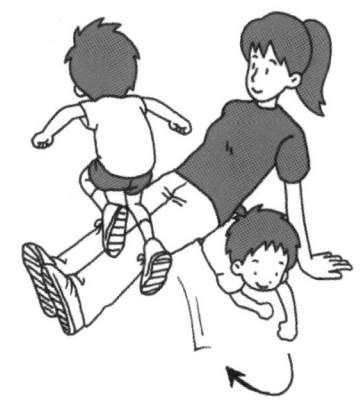

グーパー跳び

(1) 子どもは、親の足をまたいで向かい合って立ちます。
(2) 「せーの」の合図で、親は両足を開き、子どもはジャンプして両足を閉じます。
(3) この動作を、声をかけ合いながら繰り返します。2人の呼吸とリズムの取り方がポイント。
(4) はじめは、親子で手をつなぎながら行うと良いでしょう。
(5) 上達したら、子どもは、親に背を向けて行ってみます。

足ふみ競争

(1) 2人で向かい合って、両手をつなぎます。
(2) 合図で、子どもは親の足を踏みに行きます。親の足を踏めたら、逆に親が子どもの足を踏みに行く番です。
(3) 今度は、お互いの足を踏みに行きます。お互いに足を踏まれないように逃げながら、相手の足を踏もうとします。

お尻たたき（タオル）

(1) 親は、子どもと左手をつなぎ合います。
(2) 子どもは、「よーい、ドン」の合図で、右手で親のお尻をたたきに行きます。
(3) 今度は、子どもが逃げる番です。親は、右手で子どものお尻をたたきに行きます。
(4) 慣れてきたら、お互いに右手で相手のお尻をたたきに行きます。相手のお尻をたたきに行くだけでなく、自分のお尻もたたかれないように逃げます。

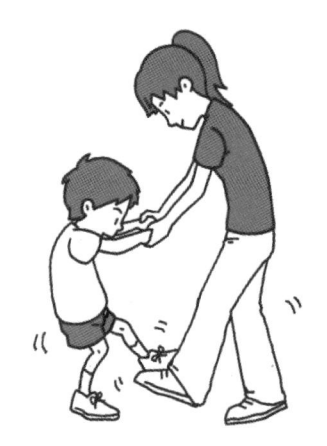

[メモ]
・相手を自分の方に引き寄せるようにすると、たたきやすいことを学習させましょう。
・親が子どもの腕を引っぱるときは、急に引っぱらないようにしてください。
・つなぎ合う方の手を換えて、試してみましょう。
・慣れてきたら、お互いが手をつなぐかわりに、タオルを持ち合って、活動範囲を広くしてみましょう。

丸太たおし
(1) 親は、仰向けに寝て、両足を大木がそびえ立つように、床面と直角に足を上げます。
(2) 子どもは、大木（親の両足）が床につくまで倒します。
(3) 前後左右と、いろいろな方向から押したり引っ張ったりしても良いでしょう。
(4) 慣れてきたら、親は、手をまっすぐ体につけて、気をつけの姿勢で行います。

[メモ]
　子どもも丸太になって、親が丸太（子どもの両足）を倒し、自然な形で子どもの腹筋の強化を図ってみましょう。親は、子どもの両足首のあたりを持ち、ゆっくり倒していきます。子どものつま先が床につくまで倒してみましょう。

腕立て握手

(1) 子どもと親は、向き合って腕立ての姿勢になります。
(2) 右手を床から離して握手をしましょう。できたら、次は左手で行ってみましょう。
(3) 腕立て握手状態から、引っ張りずもうをします。
(4) 両手を床から離して、ジャンプもしてみましょう。

手押し車→出会った子どもと握手→でんぐり返り

(1) 手をついて、両足を持ってもらって歩きます。
(2) 出会った友だちと握手をして、その後、でんぐり返りをします。

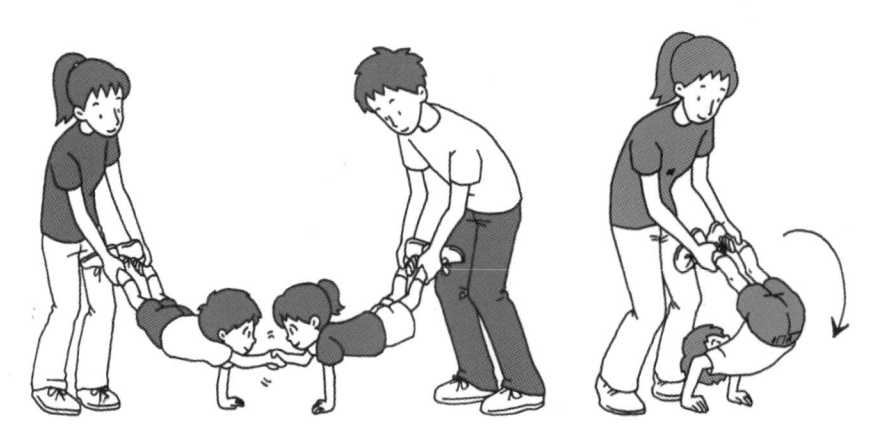

しっぽとり

(1) 親は、タオルをズボンのベルト部分ではさんでおきます。
(2) 親と子どもは左手をつなぎ合います。

（3） スタートの合図で、子どもはタオルを取りに行きます。
（4） 子どもがタオルをつけて、親がタオルを取りに行きます。

［メモ］
・子どものタオルは、踏んで滑ると危険なので、床に届かないようにつけてあげましょう。
・親が、子どもの腕を引っぱるときは、十分に気を配り、急に引いたり、力強く引き寄せたりしないようにしてください。また、回っている間に、子どもを振り回してしまわないように気をつけましょう。

タオル引き
（1） 寝っころがった親の足にはさんだタオルを引っ張って取りましょう。
（2） 子どもが足にタオルをはさんで親が引っ張ります。

文献
前橋　明：いま、子どもの心とからだが危ない2 ―子どもの未来づくり作戦―、大学教育出版、2006。
前橋　明：子ども本来の生活リズムを取り戻す、教育と医学 2007-7、慶應義塾大学出版会、2007。

第7章 子どもの個別健康評価票「すこやかキッズカード」のススメ

　子どもたちの健康・体力づくりには、保育者、指導者や専門家の取り組みに加えて、家庭での健康・体力づくりが欠かせません。健康・体力づくりは、家族みんなで取り組むことが大切です。そのためには、子どもたちの生活や体力などの実態を的確に把握し、子ども一人ひとりのデータとアドバイスを子ども本人や保護者に、わかりやすく伝えていく啓発活動が重要です。
　これらのことは、実際、保育・教育現場で試みられてきてはいたことですが、保育者や教師にとって、なかなか労力と根気のいる作業です。
　すこやかキッズ体力研究会では、保育者や教師の労力を軽減し、さらに、的確なメッセージを投げかけるためにも、効率的で、かつ、気持ちも誠実に伝わる連絡票はできないものかと考え、個別健康カードである「すこやかキッズカード」を創作しました。このカードは、現在、全国の保育園、幼稚園や体育教室、スポーツクラブ等で活用していただいています。

1.「すこやかキッズカード」の概要

　すこやかキッズカードでは、体の成長・発達を、体格、体力・運動能力、健康生活の3つの側面からみるようにしました。
　体格は、身長、体重を測定項目とし、男女別同一月齢平均値との比較および

カウプ指数（身長と体重のバランスから肥満度をみる指標）により評価します。

体力・運動能力は、「身体を積極的に働かせる能力にあたる行動体力、とくに筋力と、身体をすばやくバランスよく巧に動かす調整力」、「走る、跳ぶ、投げる能力にあたる基礎的運動能力」、そして、「歩数を指標にした運動量にあたる身体活動量」に関する項目で構成することにしました。

筋力をみるためには、全身筋力との相関が高い握力を測定します。幼児の場合は、まだ非力のため、握力計の握りを両手で握らせて測定します。調整力は、跳び越しくぐりで測定します。膝の高さに張ったゴムひもを両足で跳び越したら、すぐにひもの下をくぐって、もとの位置にもどるという一連の動作を、すばやく行えるかをみるわけです。

走力は、幼児の場合、25m走とします。また、投力のボール投げは、テニスボールを使用します。

これらの測定値と、男女別同一月齢の平均値との比較を行うことにしました。そして、項目ごとの平均値と標準偏差を用いたTスコアにより評価を工夫し、種目間のバランスを容易に評価しようと心がけました。

Tスコアは、測定項目の単位が異なる記録を相互に比較するために、各項目の平均を50点とし、標準偏差を10点の拡がりに換算したものです。そして、測定項目のバランス・水準をわかりやすく表現しようとしました。

ここまでの評価票は、これまで体育や教育の領域でよく使われてきた方法ですが、これに、生活状況のデータを挿入し、組み合わせてメッセージを送ったり、健康生活の実状をとりあげて、子どもの生活実態の様子や良いところ、改善を要するところを、的確に伝えていく方法の工夫に力を入れることにしました。

健康生活の項目は、休養（睡眠）、栄養（食事）、運動（あそび）に関すること、および、身体の活性度に関する項目で構成し、保護者へのアンケート調査により収集することにしました。

そして、健康な生活の幹と考えた12項目を選び、これまでの研究知見を用いて、5段階の評価と段階ごとのメッセージを工夫してみました。

就寝時刻や睡眠時間、外あそび時間という生活における5段階区分の基準例の一部をとりあげて、表1～3に示しましたので、ご参照ください。

表1　体力・運動能力における5段階基準

段階 項目	1	2	3	4	5
体力・運動能力 （Tスコア）	35未満	35以上～ 45未満	45以上～ 55以下	55より上～ 65以下	65より上

表2　生活状況における5段階基準

段階 項目	1	2	3	4	5
就寝時刻	22：00以降	21：30～ 22：00より前	21：00～ 21：30より前	20：30～ 21：00より前	20：30より前
睡眠時間	9時間30分未満	9時間30分～10時間未満	10時間～10時間30分未満	10時間30分～11時間未満	11時間以上
起床時刻	8：00以降	7：30～8：00より前	7：00～7：30より前	6：30～7：00より前	6：30より前
外あそびの時間 （幼稚園児例、園にいる時間を除く）	30分以下	30分超～1時間	1時間超～1時間30分	1時間30分超～2時間	2時間超
テレビ、ビデオの視聴時間	2時間超	1時間30分超～2時間	1時間超～1時間30分	30分超～1時間	30分以下

表3　カウプ指数、朝の体温における基準

段階 項目	低（痩）	やや低	普通	やや高	高（肥）
カウプ指数（5歳児例）	13.0未満	13.0～	14.5～	16.6～	18.6以上
朝（午前9時）の体温	36℃以下	36.1℃～	36.4℃～	36.7℃～	37.0℃以上

2．「すこやかキッズカード」の例

　作成した個別健康カードの一例を、資料１の「すこやかキッズカード」として示してみました。資料の上から、顔のマークの種類で、子どもへの連絡を試みようとしたもので、笑顔のマークになるほど、状態の良いことを示しています。

　一番下の表には、子どもの実データと５段階評価の結果を示して、保護者や保育者に見てもらえるようにしました。

　そして、コンピュータにプログラム化した12の調査項目別に、５段階のメッセージをもとに、子どもの実際の記録を入力すると、子どもと保護者へのメッセージが自動的に表現できるようにしたものを、カードの中央部分の文章で示しました。

　まず、子どもの良いところを褒めてから、次に、課題や問題部分を改善できるように、指導・助言するというアイデアです。

　例えば、資料１の例では、５段階評価で最も評価の良い、今回４点である「朝食」は、前回２点に対して、「朝ごはんを食べるようになったのは、良いことだよ！力がでるように、朝ごはんを欠かさず食べるようにしましょう！」と伝えて褒め、続いて、肥満度が「太りぎみ」になってしまった点、かつ、最も悪かった、夕食前のおやつや夜食は食べる時の方が多い、テレビやビデオを見る時間が２時間の５段階評価「２」について、「夕ごはん前のおやつの食べすぎは、夕ごはんがしっかり食べられず、夜食を食べることにつながります。おやつの食べすぎや夜食は肥満につながるから、ひかえましょう！夕ごはんをしっかり食べ、テレビ、ビデオは見すぎないように！夜９時前には寝るようにしましょう！」と、啓発していきます。

すこやかキッズカード

| すこやか幼稚園 げんき組 | なまえ まえはし あきお | 男 | 歳 カ月 5 7 | □は前回測定 2007年10月実施 (生活調査:10月10日) | □は今回測定 2008年5月実施 (生活調査:5月5日) |

マークのせつめい ⇒ 😄：とてもよいです　🙂：よいです　😐：ふつうです　🙁：もうすこしです　😢：がんばりましょう

たいりょく

	にぎる	とびこしくぐり	はしる	とぶ	なげる	あるく
いまえ	🙂	😄	🙂	😐	🙂	🙂
	↓	↓	↓	↓	↓	↓
いま	😄	🙂	😄	😐	😄	😄

● ボール投げが、前回とくらべ、一番伸びました。がんばったね！
△ とび越しくぐりが、前回スコアより下回りました。なわとびや鬼ごっこをすると、はやくできるようになるよ！

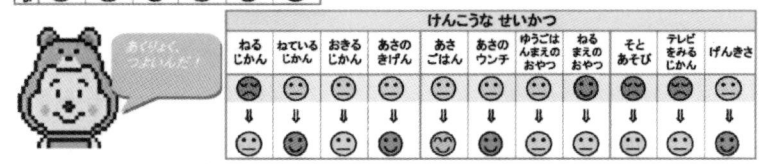

けんこうな せいかつ

ねるじかん	ねているじかん	おきるじかん	あさのきげん	あさごはん	あさのウンチ	ゆうごはんまえのおやつ	ねるまえのおやつ	そとあそび	テレビをみるじかん	げんきさ
🙁	😐	🙁	😐	🙁	😐	😐	😐	🙁	😐	😐
↓	↓	↓	↓	↓	↓	↓	↓	↓	↓	↓
😐	🙂	🙂	🙂	😄	🙂	🙂	🙂	😐	😐	🙂

「あぐりょく、つよいんだ！」

● 朝ごはんを食べるようになったのは、いいことだよ！力がでるように、朝ごはんを欠かさず食べるようにしましょう！
夕ごはん前のおやつの食べすぎは、夕ごはんがしっかり食べられず、夜食を食べることにつながります。おやつの食べすぎや夜食は肥満につながるから、ひかえましょう！夕ごはんをしっかり食べ、テレビ、ビデオは見すぎないように！夜9時前には寝るようにしましょう！

分類	測定項目	前回	今回	平均値
体格	身長	106.9 cm	111.3 cm	109.8 cm
	体重	18.5 kg	22.6 kg	19.0 kg
	カウプ指数※1	16.2	18.2	標準 15.5
体力	筋力 両手握力	14.0 kg	17.0 kg	14.3 kg
	調整力 とび越しくぐり	21.0 秒	26.0 秒	19.9 秒
運動能力	走力 25m走	8.0 秒	7.2 秒	6.8 秒
	跳力 立幅とび	74.0 cm	83.0 cm	98.8 cm
	投力 ボール投げ	3.5 m	6.0 m	7.3 m
活動量	園内歩数	4,250 歩	4,598 歩	3,022 歩

分類	調査項目	今回調査結果	評価 (5段階)
健康生活	休養 就寝時刻は	午後 9時 45分	1　2
	睡眠時間(夜間)は	10時間 0分	2　3
	起床時刻は	午前 7時 45分	2　3
	朝起きた時の機嫌は	機嫌がよい時と悪い時が半々	2　3
	栄養 朝食は	だいたい食べている	2　4
	排便(ウンチ)の状況は	朝する時としない時が半々	2　2
	夕食前のおやつは	食べる時の方が多い	2　2
	夜食は	食べる時の方が多い	2　2
	あそび・身体の活性度	外あそびをする時間は	1時間 0分	1　2
	テレビやビデオを見る時間は	2時間 0分	2　2
	疲れの訴えからみた元気さは	元気である時と、ない時が半々	2　3
	朝(午前9時)の体温は	36.5 ℃	普通　普通

やせすぎ　やせぎみ　ふつう　太りぎみ　太りすぎ

※ 身長と体重からみた体格指標であり、数字が大きいほど肥満を表わしています。

体力・運動能力スコア

両手握力 53.2 / 56.6
歩数 54.4 / 54.4
ボール投げ 41.7 / 47.7
立幅とび 42.7 / 47.3
25m走 42.6 / 46.1
とび越し 65.4 / 43.9

━━ 前回測定　━━ 今回測定　━━ 平均値(50)

健康生活スコア

休養 3.5 / 5.0
栄養 4.5 / 5.5
あそび 2.0 / 4.0
身体の活性度 4.0 / 6.0

━━ 前回測定　━━ 今回測定　━━ 目標スコア

Copyright(c)2005-2008 Sukoyaka Kids Tairyoku Kenkyukai, all rights reserved.

3. 「すこやかキッズカード」を作成するうえで工夫したところ

個別健康カード作成上の工夫を整理してみますと、
① 体の成長・発達を、体格、体力、健康生活の3つの側面からみること。
② 個人ごとに、前回の調査・測定結果との比較を行うことにより、子ども一人ひとりの体力・運動能力や生活面の変化を、具体的に把握し、心身の向上に役立てる資料にできるようにしたこと。
③ 個別に、助言を入れた個人カードを導入し、保護者配布用、あるいは、園での保護者との懇談用としても使えるようにしたことです。

4. カードを使用した保護者からの反応は？

実際に「すこやかキッズカード」を使用した園の保護者から寄せられた感想を紹介します。

○評価が顔のマークで表わされていて、子どもが見てもわかるところが良かった。親が言葉で「早く寝ないと早く起きられないよ！」と言うよりも、この紙を見せて「早く寝ないと、この顔のマークが笑ったマークにならないよ！」と言ったほうが、ききめがありました。いろいろと活用させていただきたいと思います。

○わが子の評価を見たとき、"ズバリ！"と思いました。さっそく子どもといっしょに見て読んでみると、子どもは素直に"もうすこし"のマークのついているところをがんばろうという気になったらしく、次の日から苦手な早起きと朝の排便をがんばっています。一人ひとりにくださったコメントも励ましの言葉になったようです。

○子どもの生活リズムについて、目で見てわかる資料をいただいたことで、父親と共にもう少し早く寝かせるようにしようと、具体的な見直しについて話し合うことができました。

○親にも、子どもにも、とても見やすいキッズカードを作成していただきありがとうございます。うちの子どもはテレビの見すぎと注意され、親子共々反省しております。これからは、テレビを見る時間をなるべく少なくするように努力したいと思います。
○子どもが、どの程度、健康的な生活を送れているのか、少しはわかっているつもりでしたが、キッズカードをいただき、改めて見直すべき点がよくわかりました。これから生活を改善するにあたり、とても参考になりました。

おわりに

　本「体力向上指導員」養成講習会を受講いただき、ありがとうございました。幼少年期は、子どもの成長の基礎をつくる重要な時期です。この時期に、規則正しい生活習慣を身につけ、しっかりとした基礎体力をつけていくことは、将来へ向けた生きる力の土台づくりとして、極めて重要なことです。

　受講された皆様は、この大切な時期のお子さんを預かり、指導される訳です。この時期に、運動を通して体力・運動能力をつけることで、より良い生活の循環が保障されていきます。子どもたちの健康・体力づくりは、家族はもちろんのこと、我々みんなで協力して取り組むことが肝要です。みんなが健康であってこそ、真の健康・体力づくりが可能となるからです。

　皆様におかれましては、講習会の内容を、子どもたちの保育・教育・生活の場で、少しでも役立てていただき、活躍されますことを願っております。

2008年5月

すこやかキッズ体力研究会
事務局長　生形　直也

■著者紹介

前橋　明　（まえはし　あきら）
　　早稲田大学人間科学学術院　教授／医学博士

田中　光　（たなか　ひかる）
　　洗足学園短期大学　准教授
　　元体操五輪代表・世界選手権メダリスト

宮田　芳美　（みやた　よしみ）
　　流通経済大学　講師
　　元エアロビックワールドカップメダリスト

松尾　瑞穂　（まつお　みずほ）
　　早稲田大学大学院
　　日本幼児体育学会公認幼児体育指導員

生形　直也　（うぶかた　なおや）
　　すこやかキッズ体力研究会　事務局長

子どものための体力向上指導員養成テキスト

2008年7月4日　初版第1刷発行

■編　　者 ──── すこやかキッズ体力研究会
■発 行 者 ──── 佐藤　守
■発 行 所 ──── 株式会社 大学教育出版
　　　　　　　　〒700-0953 岡山市西市 855-4
　　　　　　　　電話（086）244-1268　FAX（086）246-0294
■印刷製本 ──── サンコー印刷㈱
■装　　丁 ──── ティーボーンデザイン事務所

© 2008, Printed in Japan
検印省略　　落丁・乱丁本はお取り替えいたします。
無断で本書の一部または全部を複写・複製することは禁じられています。
ISBN978-4-88730-858-9